놀면서 익히는 중국어 秘書!
김성민의
중국어
X
파일 上

놀면서 익히는 중국어 秘書!

김성민의 **중국어 X 파일** 上

초판1쇄　2015년 7월 15일
초판4쇄　2019년 4월 2일

저　　자　김성민 편
발 행 인　윤우상
총　　괄　윤병호
책임편집　최다연
북디자인　Design Didot 디자인디도
발 행 처　송산출판사
주　　소　서울특별시 서대문구 통일로32길 14 (홍제 2동)
전　　화　(02) 735-6189
팩　　스　(02) 737-2260
홈페이지　http://www.songsanpub.co.kr
등록일자　1976년 2월 2일. 제 9-40호

ISBN　　978-89-7780-226-1 14720
　　　　　978-89-7780-225-4(세트)

이 도서의 국립중앙도서관 출판예정도서목록(CIP)은
서지정보유통지원시스템 홈페이지(http://seoji.nl.go.kr)와
국가자료공동목록시스템(http://www.nl.go.kr/kolisnet)에서 이용하실
수 있습니다.
(CIP제어번호 : CIP2015018315)

놀면서 익히는 중국어 秘書!

김성민의
중국어

X파일

김성민 편

上

송산출판사

지금은 국제화시대로 지구촌이라는 이름하에 경제 문화 예술 등 다방면에서 국경이라는 개념들이 사라지고 있어 구시대처럼 우리만의 것을 가지고 고집할 수 없게 되어버렸습니다.

국제사회에서 우물 안 개구리가 되지 않으려면 내가 볼 수 있는 우물의 구멍 개수를 늘려나가야 하는데 그것이 바로 외국어가 만들어주는 역량입니다. 하나의 외국어를 더 알게 되면 하나의 또 다른 세상을 볼 수 있는 능력을 가질 수 있게 됩니다.

외국어를 배우고 익힘은 결코 학문의 형식을 띄어서는 안되며 기술의 전수가 되어야 한다고 줄곧 주장해왔습니다.

새로운 기술은 즐거운 오락을 가지고 놀 듯 재미와 실제사용이 뒤따라야 할 것인데 시험이나 어려운 용어가 난무하는 문법의 함정에 빠져 이렇게 즐거운 오락을 한 가지도 제대로 만끽하지 못하는 사람을 많이 보았습니다.

현재 국제정세에서 가장 중요한 언어로 대두되고 있고 우리나라와도 가장 밀접한 관계를 가지게 된 중국의 언어는 누구나 공히 익혀야 할 제 1 외국어로 급부상하고 있습니다. 그에 대한 교재들도 넘쳐나는 풍요를 누리게 되었지만 한국인을 위한 관점에서 한국인이 쉽게 접할 수 있게 만들어진 교재는 드물었습니다.

중국인은 한국사람이 자신들의 언어에 대해 어떤 점을 어려워하는 지 결코 알기 힘들기에 중국에서 제작된 번역판 형태의 교재들을 보며 고민하던 중 25

년간의 학원가 강의 경험을 토대로 한국인이 가장 쉽고 빠르게 익힐 수 있는 패턴을 만들어내게 되었습니다. 기존의 "교재"라는 틀을 벗어난 즐겁게 소설처럼 읽으며 새로운 기술을 익힐 수 있는 오락 설명서가 되기를 바라는 바입니다.

　책을 출간하겠다고 했을 때, 책 내용 한 글자도 보지않고 "김선생이 내겠다면....!" 한마디로 흔쾌히 출간을 허락해주신 의리의 사나이 윤우상 사장님, 구두굽이 닳도록 원고를 들고 분주히 서울 부산을 오가며 고생한 윤병호 과장님, 기존 형식을 무시한 원고에 손가락이 부르튼 최준명 대리님, 원고작업에만 신경쓸 수 있도록 궂은일은 알아서 다 처리해준 김영철 상무님, 곁에서 끝없는 교정과 사투리 만땅의 강의를 녹취하고 정리해 준 이진희 실장님... 고마운 사람은 끝이 없지만 중국어가 누구나 쉽게 배울 수 있는 쉬운 언어라는 개념을 퍼뜨려 그 즐거움을 함께 공유하고 싶습니다.

2015년 5월
저자 김성민

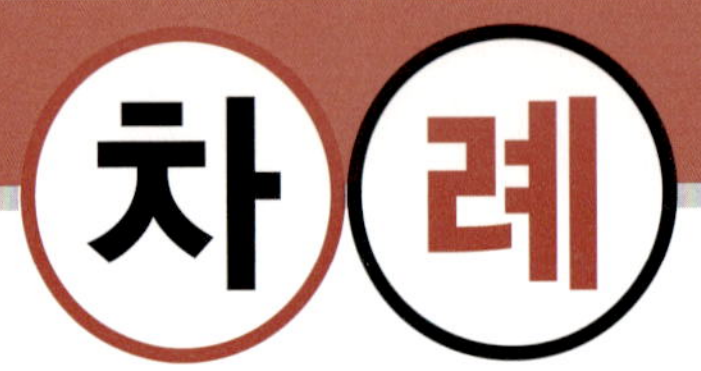

01강	발음 汉语拼音(한어병음)	9
02강	성조(声调)	17
03강	어휘, 회화를 이용한 발음연습	23
04강	술어1-"是"구문	31
05강	술어2-형용사 구문	41
06강	술어3-일반동사 구문	49
07강	술어4-"有"구문	57
08강	소유격(a+的), 반복의문문	65
09강	지시 대명사, 의문 대명사	73
10강	양사(量词)	81

11강	청유형 구문	95
12강	술어5 "在" 구문	103
13강	조동사	113
14강	"给"형 동사	123
15강	부사	131
16강	부사구와 介词	137
17강	중국어의 숫자 읽기	145
18강	중국의 화폐	151
19강	시간	157
20강	년, 월, 일, 요일	163
정답		169

발음 汉语拼音(한어병음)

• **본 과의 목표** : 중국어발음기호를 보고 발음을 해낼 수만 있다면 OK!

이제 중국 사람들이 영어식 표기로 해놓은 고유명사 이름 따위를 발음할 수 있다.

베이징인가 뻬이징인가 뻬이찡인가 베이찡인가 페킹 인가 페이킹인가

b 버	**p** 퍼	**m** 머	**f** (퍼)
d 더	**t** 터	**n** 너	**l** 러
g 거	**k** 커	**h** 허	
j 지	**q** 치	**x** 시	
zh (즈)	**ch** (츠)	**sh** (스)	**r** (르)
z 쯔	**c** 츠	**s** 쓰	

i(yi) 이	**u(wu)** 우	**ü(yu)** (위)

a 아	**o** 오	**e** 어	**ie** 이에	**iu** 이우
ai 아이	**ei** 에이	**ao** 아오	**ou** 어우	**ui** 우이
an 안	**en** 언	**ang** 앙	**eng** 엉	**ong** 옹
er (얼)				

※ 괄호 부분은 한국어에 없는 발음

한어병음은 영어의 알파벳 자모가 아닙니다. 하나하나의 개체를 발음으로 외워보세요. 순서는 발음이 이루어지는 부위에 따라 나눈 것이고, 그 순서를 외우거나 철자구조에서처럼 완벽하게 외울 필요가 전혀 없습니다.
읽을 수 있다면 대성공!

ya(ia) 야	ye(ie) 이에	yao(iao) 야오	you(iou) 여우
yan(ian) 이엔	yin(in) 인	yang(iang) 양	ying(ing) 잉
wa(ua) 와	wo(uo) 워	wai(uai) 와이	wei(uei) 웨이
wan(uan) 완		wen(uen) 원	
wang(uang) 왕		weng(ueng) 윙	
yue(üe) (위에)	yun(ün) (윈)	yong(üng/iong) (용)	
yuan(üan) (위엔)			

성민쌤 잔소리!

모음은 두 개 이상이 붙을 수도 있는데 이를 따로 외우는 것은 시간낭비입니다. 위에 적힌 복모음들을 보고 읽어낼 수만 있다면 바로 다음으로 고고고~!
이상한 X-레이 투시도 같은 인체 구강구조 그림을 보면서 그 모양 따라해 보려고 용쓰는 분은 없겠죠?

1️⃣ 발음에는 반드시 모음이 들어 가야한다. 모음만으로도 발음이 가능하지만 자음만으로는 발음을 이룰 수 없다.

예 아 *a*, 안 *an*, 에이 *ei*   머 **m** (×) → **me** (○)

2️⃣ i, u, ü는 대표 모음으로 여러 가지 활용이 가능하여 단독으로 사용될 때는 yi, wu, yu로 표기되며, 뒤에 다른 모음이 중복되어 오면 i, u는 생략한다.

예 이 **yi**, 우 **wu**, 위 **yu**   야 **yi**+*a* → **ya**, 워 **wu**+*o* → **wo**

3️⃣ zh, ch, sh, r, z, c, s의 발음은 마땅한 표기할 수 있는 모음이 없기 때문에 i를 붙인다. 즉, 여기서의 i는 묵음이다.

예 **zhi** 지 (×) → 즈 (○), **si** 씨 (×) → 쓰 (○)

4️⃣ i+an, ü+an은 '이얀'과 '위안'이라 발음했으나, 현재는 모두가 '이엔'과 '위엔'으로 발음하는 추세다.

예 **i**+*an* → **yan** 옌   **ü**+*an* → **yuan** 위엔

5 ü 발음은 앞에 [i]의 발음이 있으면, 위의 두 점을 생략한다. 그래서 중국어에서 ü 발음이 붙을 수 있는 자음으로는 n, l, j, q, x인데 n과 l의 경우에만 점이 붙는다. j, q, x는 자체가 [i] 발음을 가지고 있기 때문이다.

예 nü 뉘, lü 뤼   ju 쥐, qu 취, xu 쉬

성민쌤 잔소리!

어려워 보이는 이야기 왜 일일이 다 읽어보려 하시나요. 하다가 아니 왜 이렇지? 라고 하실 때 다시 넘겨서 찾아보시면 됩니다.

다음에 등장하는 한어병음들을 먼저 읽어보고 잘 되지 않을 때는 하나의 발음을 자음과 모음, 혹은 자음과 모음, 모음 등으로 나누어 읽은 후 붙여 읽는 연습을 해보세요.

예   shen   sh + en → shen

★   shi shen me yang de

ji yi chan mian

wei rang wo ri ye si nian

zai ai yuan zhi jian xiang

ni de rong yan

gao su wo shi

na yi zhong qing yuan

neng cheng shou

zhe yang wu jin yi lian

mi huo de qing xu

zhan man mei tian

xiong mao wu shu

ha er bin

chen kai ge

zhang guo rong

shang hai

yuan

kong zi

er hu

chi fan

zha jiang mian

liu san si

jiu ming a

★은 노래 가사의 일부입니다. 이제 중국어로 노래를 부를 수 있게 되었습니다.

쉬어가요

■ 중국어의 발음기호

중국어는 예로부터 발음기호라는 것이 따로 없었습니다. 표의문자이기 때문에 언어로 전달하여 교육을 했는데요.

현대에서는 교육상 발음의 표기법이 필요하여 여러 가지 형태로 발음표기를 해왔습니다.

고대의 반절법으로부터 근대에 들어서는 청나라말기 주중영국공사로 있던 웨이드가 만든 웨이드식 부호, 현재 타이완에서 사용되고 있는 주음부호, 1950년대에 중화인민공화국 체제에서 등장한 한어병음법 등 여러 가지가 있으나 지금 한국에서는 1992년 한중수교를 전후하여 '한어병음법'을 채택하여 사용하고 있습니다. 이는 영어의 알파벳과 같은 존재가 아니라 단지 발음을 하기 위한 도구에 불과하므로 사실 중국어가 능통해지고 난 다음에는 잊어버려도 무관하다고 할 정도입니다. 현지의 중국인 학자들에게 한자에 발음기호를 달아달라고 하면 자기네들도 헷갈려 할 정도니까요.

그러나 전산이 발달한 현대에서는 컴퓨터 등의 자판 타자법으로 익혀 두어야 할 존재가 되었습니다. 순서라든지 체계를 완벽하게 하려고 노력하지는 않으셔도 된다는 기분 좋은 말.

▶ **자음자**

주음 부호	ㄅ	ㄆ	ㄇ	ㄈ	ㄉ	ㄊ	ㄋ	ㄌ	ㄍ	ㄎ	ㄏ	ㄐ	ㄑ	ㄒ	ㄓ	ㄔ	ㄕ	ㄖ	ㄗ	ㄘ	ㄙ
병음	b	p	m	f	d	t	n	l	g	k	h	j	q	x	zh	ch	sh	r	z	c	s

▶ **모음자**

주음 부호	ㄧ	ㄨ	ㄩ	ㄚ	ㄜ	ㄛ	ㄝ	ㄞ	ㄟ	ㄠ	ㄡ	ㄢ	ㄣ	ㄤ	ㄥ	ㄦ
병음	i	u	ü	a	e	o	ê	ai	ei	ao	ou	an	en	ang	eng	ng er	r

성조(声调)

• 본 과의 목표 : 4가지 성조를 이해하고 중국어 발음에 성조를 추가
하여 중국인처럼 발음하기

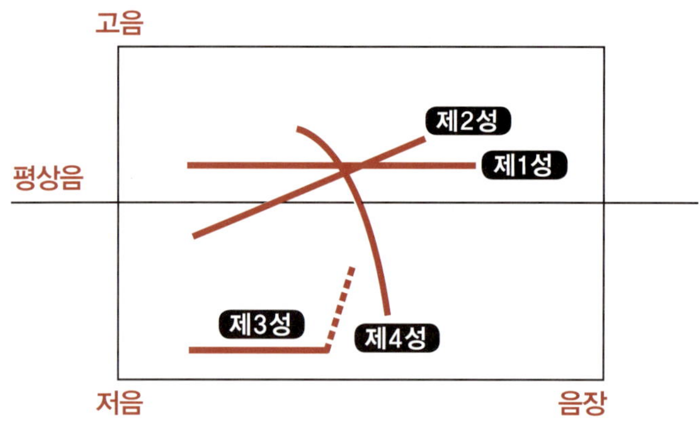

제 1 성

자신의 평상음이나 평상음 보다 조금 높은 음으로 굴곡 없이 발음하며, 길게 하면 할수록 듣기 좋으니, 연습할 때는 길게 발음합니다.
음계로는 '솔' 정도

표기의 예 $\bar{a}$ a^1

제 2 성

평상음 정도에서 고음으로 상승하는 소리.
발음을 한 번에 하기 어려울 때에는 2번 나누어 발음하면 연습하기에 편리합니다. 음계로는 '파, 라' 정도

표기의 예 $ái$ ai^2

제 3 성

본인이 낼 수 있는 최고의 저음.

제 3성은 그 음의 형태보다는 저음이라는 점에 더 중점을 두고 연습하도록 하세요. 저음만을 혼자 내기에 힘이 드니, 자연적으로 발음을 종료할 때 끝에 약간 튕겨 주는 듯한 느낌의 올라가는 소리가 나게 됩니다. 단, 이 상승하는 소리는 결코 길어서도 안 되며 짧게 튕겨 주는 느낌으로만 냅니다. 음계로는 한 옥타브 아래의 '솔' 정도

표기의 **예**   hǎo   hao³

🔴 제 4 성

평상음 이상에서의 음으로 시작하여 아래로 강하하는 소리.
음계로는 '솔 미' 정도

표기의 **예**   dà   da⁴

🔴 경성(輕聲)

앞에 발음된 음으로부터 평상음에 가까이 자연스럽게 툭 치듯 가벼이 내는 소리.

표기의 **예**   mȧ   ma

성민샘잔소리!

모든 중국어 교육에서 성조를 병적으로 강조합니다. 사실 중요한 부분입니다. 전공자나 교육을 목표로 하시는 분들은 완벽한 성조를 익혀두시면 중국 사람이 놀랄 정도의 실력을 보일 수 있습니다.
하지만 중국인과의 의사소통만이 목적인 분들은 어려운 성조에 발목 잡히지 마시고 일단 노래를 따라하듯 비슷하게 따라만 하려고 하시면서 진도를 계속 나가시기 바랍니다. 시간이 흐르면 절로 되는 것을 초반부터 진빼지 마시기 바랍니다.

제 3성의 소리는 저음이 포인트가 된다고 했습니다. 제 3성이 연달아서 나올 때 저음을 2차례 낸다는 것은 인간의 성대로는 많은 무리가 갑니다. 그래서 중국어에서는 발음상 제 3성이 연이어 나올 때에는 그 앞의 글자를 제 2성으로 변환시켜 읽어준다는 법칙이 생긴 것입니다.

例 你好(Nǐ hǎo) → (Ní hǎo)

제 3성의 글자가 여러 개 연달아나올 때에는 이론상 마지막 글자만 제 3성 앞의 나머지는 제 2성으로 읽지만 끊어 읽기에 따라서 달라질 수도 있습니다.

例 老李买好酒。(Lǎo lǐ mǎi hǎo jiǔ)
　　　　　　→ (Láo lí mái háo jiǔ)
　　　　　　→ (Láo lǐ／mái háo jiǔ)
　　　　　　→ (Láo lí mǎi／háo jiǔ)
　　　　　　→ (Láo lǐ／mǎi／háo jiǔ)

중국어의 4가지 성조가 모두 등장하니 과감하게 몸을 움직이며 지휘를 하듯 크게 그리며 소리 내어 성조라는 노래를 불러보세요.

一 (yī)	六 (liù)
二 (èr)	七 (qī)
三 (sān)	八 (bā)
四 (sì)	九 (jiǔ)
五 (wǔ)	十 (shí)

■ 성조이야기

중국어는 특이하게 성조가 있는 언어라고들 하는데 우리나라 말에도 성조는 있었습니다. 지금 경기지방의 표준어는 장단만 남고 성조가 거의 사라졌지만 여타 방언지역에서는 성조가 널리 사용되고 있습니다.

성조가 틀리면 말을 알아들을 수 없게 되는 경우가 간혹은 있지만 항상 그런 것은 아니니 처음 시작할 때 너무 강박관념에 쌓여 공부하실 필요까지는 없습니다.

중국어의 방언도 각 방언별 성조가 여러 가지로 나뉘는데 광동어의 경우 9성, 민남어의 경우 6성 등으로 복잡한 양상을 보입니다. 지역별 발음편차가 크다는 말이지요.

태국어의 경우도 5개의 성조가 있지만 그 성조에도 음악에 가까울 정도로 복잡한 굴곡이 있어 우리에겐 어려운 존재입니다.

하지만 중국어성조는 우리나라 사람이 익히기에는 무리가 없는 정도입니다. 방언지역사람들은 유리하겠죠. (특히 경상도) 물론 표준어밖에 쓸 줄 모르는 한국 분들껜 좀 미안하지만.

중국어가 능통해지고 난 후 뉴스 등의 자료화면으로 중국명사들의 연설을 들어보세요. 알아 듣는게 신기할 정도입니다.

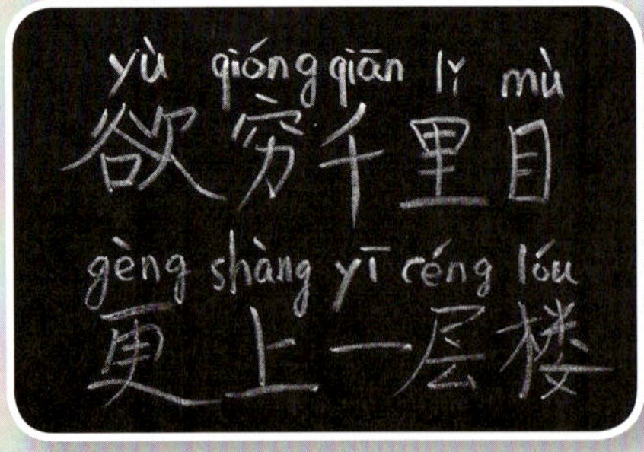

어휘, 회화를 이용한 발음연습

• **본 과의 목표** : 중국어의 글자와 발음을 보는 연습과 새단어 보기방
법 및 대강 몇글자로 폼 잡아보기 (남들은 모르니까)

- 我 wǒ 나
- 你 nǐ 너
- 他 tā 그
- 她 tā 그녀
- 们(們) men …들(복수)
- 中国(中國) Zhōng guó 중국
- 韩国(韓國) Hán guó 한국
- 人 rén 사람

앞으로 배울 중국어의 새로나오는 어휘는 이렇게 익혀주세요.
우리는 한국인이니 번체자(정자)도 반드시 같이 익히는 것 잊지 마시고!

인칭대명사 발음 연습

워	니	타	타
我	你	他	她
wǒ	nǐ	tā	tā
나	너, 니, 당신	그	그녀

워먼	니먼	타먼	타먼
我们	你们	他们	她们
wǒ men	nǐ men	tā men	tā men
우리들	너희들	그들	그녀들

쭝궈	한궈	런
中国	韩国	人
Zhōng guó	Hán guó	rén
중국	한국	사람

쭝궈런	한궈런
中国人	韩国人
Zhōng guó rén	Hán guó rén
중국인	한국인

성민샘잔소리!

외국어 교재에 한글로 발음을 단다는 것은 결코 있을 수 없는 일입니다. 혹시나 중국어에 대한 막연한 불안감이 있는 분들을 위한 이번 과 만의 서비스이니 앞으로 한글 발음은 기대하지 말아주세요.

你好 nǐhǎo 안녕(인사말)

谢谢(謝謝) xièxiè 감사합니다

不客气(不客氣) búkèqì 천만에, 사양 않다

对不起(對不起) duìbùqǐ 미안하다, 죄송하다

不要紧(不要緊) búyàojǐn 천만에, 괜찮다

再见(再見) zàijiàn 안녕(헤어질 때 인사)

성민샘 잔소리!

모든 외국어는 과목이 두 가지가 됩니다. 하나는 언어구조를 이해하기, 또 하나는 회화.
회화는 수학적으로 생각하는 순간 어려워지고 망가집니다. 모든 회화는 한 문장이 하나의
새단어입니다. 이유없이 외워주세요.
각 단어의 뜻을 조합하여 문장을 해석하려들면 결코 회화는 할 수 없습니다.

니하오		니 하오
你 好		你 好
nǐ hǎo		nǐ hǎo
안녕하세요.		안녕하세요.

씨에시에		부커치
谢 谢		不客气
xiè xie		bú kè qi
고맙습니다.		천만에요.

뚜이 뿌 치		부야오진
对 不 起		不 要 紧
duì bù qǐ		bú yào jǐn
미안합니다.		괜찮아요.

짜이지엔		짜이지엔
再 见		再 见
zài jiàn		zài jiàn
안녕히 가세요.		안녕히 계세요.

경성 처리되는 발음설명

원 글자의 발음을 상용구에서는 경성으로 처리하는 경우가 많습니다. 처음에는 가능하면 원 성조대로 발음하시는게 더 나을 것 같아요.

발음연습을 위한 회화의 예를 들어본 것입니다.
회화는 항상 탁구처럼 주거니 받거니가 생명이니 답하는 방법을 반드시 같이 익혀주세요.
한마디만 외우면 짝이 없어 외로워요.

● 是(shì) = …이다

我 是 韩 国 人。 나는 한국인이다. *Wǒ shì Hán guó rén*

我 是 我, 你 是 你。 나는 나, 너는 너. *Wǒ shì wǒ, nǐ shì nǐ*

你 好! ＿＿＿＿好! 안녕하세요! *Nǐ hǎo ＿＿＿＿hǎo*

※밑줄 친 부분에 이름이나 선생님, 여러분 등의 호칭을 넣어도 됩니다.

谢 谢 你
Xiè xie nǐ

고마워.

不 客 气。
Bú kè qi

천만에.

对 不 起 你
Duì bù qǐ nǐ

미안해.

不 要 紧。
Bú yào jǐn

괜찮아, 신경 쓰지마.

성민샘 잔소리!

무슨 책을 글자 하나 안빼고 다 보려고 하시나요.
"문법"이라는 골치아픈 글자가 나왔는데 그냥 넘어가시면 됩니다. 괜히 있어보이려고 추가한 내용일 뿐입니다.
I.Q 180이하는 이 대목은 무시하고 다음으로 몰라도 go~~~

▶ **원래 4성**

(뒤에 성조가 1, 2, 3성 일 때는 변치 않음)

▶ **뒤에 같은 4성이 오면 4성이 2성으로 변한다.**

예 对不起。   不要紧。
Duì bù qǐ   Bú yào jǐn

성민샘잔소리!

오직 이놈 한 놈만 이렇게 성조에 애를 먹입니다. 앞으로는 "예외"라는 단어를 결코 쓰지 않겠습니다.
약~~~~~~~~~~~~~~~~~~~~~~속~~!

■ 간체자

중국은 5천년이상을 같은 한자를 써왔지만 1960년대 중화인민공화국에서 식자율을 높이기 위해서 간화자라는 간략화된 한자를 만들었습니다.

총 2,235자로 한자를 줄여 교육과 보급에 유리함을 유도했는데요. 그래서 8만자에 이르는 한자를 2,000여자만 알게 되면 쓸 수있게 만든 겁니다. 그래서 원래의 전통형태글자를 번체자 혹은 정체자라 하고 이 간화된 한자를 간화자 혹은 간체자라고 부릅니다.

타이완에서는 번체자를 사용하고 홍콩, 마카오는 역시 번체자를 사용했으나 97년 본토 반환 후 2가지를 겸용하지만 일반적으로는 번체자를 사용하는 지역입니다.

간화자는 중국대륙과 싱가폴에서 사용되고 있습니다. 그래서 우리가 알고 있는 한자는 공식적으로 한자를 사용하는 나라인 중국과 한국, 타이완, 홍콩 그리고 일본의 세 지역으로 나뉘어져 각기 다른 형태의 한자를 쓰게 되었습니다. 우리나라 문교부 지정한자가 초급수준 1,800자, 중급수준 2,300자, 고급수준 3,500자 인데, 2,000자쯤이야 식은 죽 먹기겠죠?

술어1 - "是" 구문

• 본 과의 목표 : 중국어의 구조완성과 술어 '是' 이해.
('완성'에 밑줄치고 별~표)

구조학의 실제적인 첫 시간입니다. 앞에서 익힌 단
어가 다시 등장했으니 반은 알고 넘어가는 것이니
복권 당첨된 느낌으로 기분 좋게 시작하세요.
시작이 반이다.

- 我 wǒ 나
- 你 nǐ 너
- 他 tā 그
- 她 tā 그녀
- 们(們) men …들(복수)

- 这(這) zhè 이, 이것
- 那 nà 그, 그것, 저것
- 是 shì …는…이다
- 不 bù 아니다
- 吗(嗎) ma 입니까?
- 学生(學生) xué sheng 학생
- 老师(老師) lǎo shī 선생님
- 书(書) shū 책
- 词典(詞典) cí diǎn 사전
- 桌子 zhuōzi 탁자 책상
- 椅子 yǐzi 의자

성민샘잔소리!

외국어를 처음 시작하면서 한꺼번에 많은 단어를 익히려고 애쓰면 초반에 그로기 상태가 되고 짧게는 작심삼일에서 길게는 작심 2주반이 됩니다.
탁자니 의자니 사전 따위의 단어가 뭐 그리 중요합니까? 손가락이 있는데!

현대 중국어의 구조는 고정적이고 가장 단순한 구조입니다. 변화가 없으니 기본만 인지하면 무슨 말이든 만들 수 있습니다. 어순 자체가 바로 문법이지요.

그 어순은 **주어 + 술어** 끝~~~~~~~~~~~

한국어로 '은, 는, 이, 가' 가 먼저 나오고 다음에 술어를 붙이면 끝입니다. 그 술어중의 하나 '是'가 이번 과의 주인공이지요. 뜻은 수학도 아닌 산수의 기호 '='입니다. '1은 1이다'는 '1 是 1'처럼 말입니다. 차암~쉽죠?

他 是 学 生。
Tā shì xuésheng.

그는 학생이다.

他 是 学 生 吗?
Tā shì xuésheng ma?

그는 학생입니까?

他 不 是 学 生。
Tā bú shì xuésheng.

그는 학생이 아닙니다.

他 不 是 学 生 吗?
Tā bú shì xuésheng ma?

그는 학생이 아닙니까?

부정은 술어 앞에 no를 붙이면 되는데 그 놈이 바로 '不'입니다.
성조변화 너무 신경 쓰지 마시고 가볍게 읽어주세요.

这 是 书。
Zhè shì shū.

이것은 책입니다.

这 是 书 吗?
Zhè shì shū ma?

이것은 책입니까?

这 **不是** 书。
Zhè bú shì shū.

이것은 책이 아닙니다.

这 **不是** 书 吗?
Zhè bú shì shū ma?

이것은 책이 아닙니까?

중국어는 어순이 절대로 변하지 않는다고 했죠. 일단 말이 되면 문장 끝에 '吗'를 붙이면 의문문이 됩니다. 이렇게 쉬운 언어 보셨습니까?

我 **是** 学 生。
Wǒ shì xué sheng.

나는 학생입니다.

他 **不是** 学 生。
Tā bú shì xué sheng.

그는 학생이 아닙니다.

他 **是** 老 师。
Tā shì lǎo shī.

그는 선생님입니다.

我 们 **是** 韩 国 人。
Wǒmen shì Hán guó rén.

우리는 한국인입니다.

他 们 **不是** 韩 国 人。
Tāmen bú shì Hán guó rén.

그들은 한국인이 아닙니다.

他 们 **是** 中 国 人。
Tāmen shì Zhōng guó rén.

그들은 중국인입니다.

这 **是** 书。
Zhè shì shū.

이것은 책입니다.

这 **不 是** 词 典。
Zhè bú shì cí diǎn.

이것은 사전이 아닙니다.

那 **不 是** 桌 子。
Nà bú shì zhuō zi.

그것(저것)은 책상이 아닙니다.

那 **是** 椅 子。
Nà shì yǐ zi.

그것(저것)은 의자입니다.

你 **是** 老 师 吗?
Nǐ shì lǎo shī ma?

당신은 선생님입니까?

我 **不 是** 老 师。
Wǒ bú shì lǎo shī.

나는 선생님이 아닙니다.

我 **是** 学 生。
Wǒ shì xué sheng.

나는 학생입니다.

他 **是** 中 国 人 吗?
Tā **shì** Zhōng guó rén ma?

그는 중국인입니까?

他 **不是** 中 国 人。
Tā **bú shì** Zhōng guó rén.

그는 중국인이 아닙니다.

他 **是** 韩 国 人。
Tā **shì** Hán guó rén.

그는 한국인입니다.

这 **是** 书 吗?
Zhè **shì** shū ma?

이것은 책입니까?

那 **不是** 书。
Nà **bú shì** shū.

그것(저것)은 책이 아닙니다.

那 **是** 词 典。
Nà **shì** cí diǎn.

그것(저것)은 사전입니다.

那 **是** 桌 子 吗?
Nà **shì** zhuō zi ma?

그것(저것)은 책상입니까?

这 不是 桌子。
Zhè bú shì zhuō zi.

이것은 책상이 아닙니다.

这 是 椅子。
Zhè shì yǐ zi.

이것은 의자입니다.

지금 여러분들은 한글이라고는 하나도 없는 내용을 읽고 해석하셨습니다. 이 정도 내용을
다른 외국어로 배우려면 얼마나 걸릴지 상상해 보세요.
잘 읽어지시는 분은 다시 읽어보세요. 뭘 보고 읽으셨나요? 밑에 있는 발음기호? 한자에만
시선을 두고 꼭 다시 읽는 연습을 하시기 바랍니다.

이제까지의 내용이 이해가 되었으면 다음의 말들을 머릿속에서 만들고
소리내어보세요.

나는 나다.
너는 너다.
너는 내가 아니다.
네가 나냐?
나는 천재다.

성민샘 잔소리!

지금 바로 이 순간 천재라는 단어가 나왔나? 라고 생각하신 분들은 힘들게 공부하시겠네요.
그냥 한국말로 하세요. 정 궁금하면 찾아서 스스로 익히겠지요. 새로운 어휘는 이렇게 필요
에 의해서 익히시면 쉽게 됩니다.

이건 물이고 저건 술이다.
나는 한국 사람이고 그는 중국 사람이다.
나는 중국인이 아니다.
당신은 천재입니까?
당신은 천재가 아닙니까?

마지막 정리

1은 1이다.
1은 2가 아니다.
1은 1입니까?
1은 2가 아닙니까?

중국어공부 반을 완성하신 그대에게 건배~~~~~~~~~~

■ 남북이야기

중국은 워낙 넓은 나라라 그 문화의 지역별 양상이 매우 다릅니다. 게다가 민족도 56개의 민족이 섞여있는 다민족국가라 마치 유럽의 각 국가별 문화를 보듯 지역간의 차이가 심하지요. 이를 상세히 나눌 수는 없지만 가장 기본적으로 남파와 북파의 구분이 있습니다.

험하기로 유명한 친링산맥과 그 연장선을 경계로 남과 북은 문화도 환경도 기후도 많은 차이를 보이는데 주로 수렵을 하던 북방의 산악 민족과 수로와 평야지역에서 농경생활을 해오던 남방 사람들의 문화차이로 인하여 거의 모든 분야에서 남과 북의 구분이 됩니다.

과격한 동작과 파워풀한 북방무술, 기의 운용과 부드러운 동작의 남방내가권, 기름진 고기와 진한 차의 북방과, 채소와 각종 향신료가 어우러진 남방요리, 그리고 푸릇푸릇한 녹차, 활동에 편리한 타이트하고 칙칙한 색의 북방의복, 그리고 컬러풀하고 넓은 깃과 소매의 남방의복, 빠르고 격렬한 북방무용과 부드럽고 유미적인 남방무용, 음악, 서예, 전통화, 주거환경 등등 모든 것이 남과 북의 구분이 있습니다. 우리가 배우는 중국어도 어휘나 문장의 구성 등이 남방식과 북방식의 차이가 날 수도 있답니다.

술어 2 – 형용사 구문

• 본 과의 목표 : 두 번째 술어 형용사 구문을 이해하고 형용사가 들어
간 문장 만들기

- 的 de …의(수식)
- 很 hěn 매우
- 好 hǎo 좋다, 훌륭하다
- 坏(壞) huài 나쁘다
- 大 dà 크다
- 小 xiǎo 작다
- 多 duō 많다
- 少 shǎo 적다
- 贵(貴) guì (값이)비싸다, 귀(중)하다
- 便宜 pián yi (값이)싸다
- 难(難) nán 어렵다
- 容易 róng yì 쉽다
- 汉语(漢語) Hàn yǔ 중국어

 포인트

현대중국어는 형용사가 발달하지 못했습니다. 더 섬세한 표현은 뉘앙스로 하는 배우기질이 필요합니다. 항상 반대말도 함께 외워주는 센스!

형용사라고 영어의 be동사처럼 뭔가 다른 성분이 붙지 않습니다. 그냥 주어 뒤에 형용사를 붙이기만 하면 문장 끝.

긍정문에서는 '很'이 기호처럼 붙는데 굳이 해석할 필요는 없는 말입니다. 부정이나 의문에서는 붙지 않습니다.

他 的 桌 子 很 大。
Tā de zhuō zi hěn dà.

그의 책상은 크다.

他 的 桌 子 大 吗?
Tā de zhuō zi dà ma?

그의 책상은 큽니까?

他 的 桌 子 不 大。
Tā de zhuō zi bú dà.

그의 책상은 크지 않습니다.

他 的 桌 子 不 大 吗?
Tā de zhuō zi bú dà ma?

그의 책상은 크지 않습니까?

他 的 书 很 好。
Tā de shū hěn hǎo.

그의 책은 좋습니다.

他 的 书 好 吗?
Tā de shū hǎo ma?

그의 책은 좋습니까?

他 的 书 不 好。
Tā de shū bù hǎo.

그의 책은 좋지 않습니다.

他 的 书 不 好 吗?
Tā de shū bù hǎo ma?

그의 책은 좋지 않습니까?

他 很 大。
Tā hěn dà.

그는 크다.

他 大，我 小。
Tā dà wǒ xiǎo.

그는 크고, 나는 작다.

그는 크고 나는 작다.
비교를 하는데 '很'을 쓰면 이상하죠.
이건 키 이야기가 아닙니다. 키가 크다고 할 때는 '高'를 씁니다.

他 的 书 很 多。
Tā de shū hěn duō.

그의 책은 많다.

他 的 书 不 少。
Tā de shū bù shǎo.

그의 책은 적지 않다.

我 的 书 好。
Wǒ de shū hǎo.

나의 책은 좋다.

他 的 书 坏。
Tā de shū huài.

그의 책은 나쁘다.

老 师 的 词 典 很 贵。
Lǎo shī de cí diǎn hěn guì.

선생님의 사전은 비싸다.

汉 语 不 难。
Hàn yǔ bù nán.

중국어는 어렵지 않다.

汉 语 很 容 易。
Hàn yǔ hěn róng yì.

중국어는 쉽다.

'的'를 남발하는 사람이 많은데 중국어에서는 소유격 형태 외에는 거의 사용하지 않습니다.
명사와 명사 사이에 붙일 필요가 없는데 붙이시는 분은 없겠죠?
(나의 책 我的书, 중국책 中国书)

이제까지의 내용이 이해가 되었으면 다음의 말들을 머릿속에서 만들고
소리내어보세요.

그는 좋다.
그의 책은 좋다.
책이 비싸다.
그의 책은 비싸다.
그의 책은 비싸지 않다.
그의 책은 비싼가요?
그의 책은 비싸지 않은가요?
중국책은 쌉니까?

■ 색깔

중국인들은 붉은 색을 좋아합니다. 과도하리 만큼의 붉은색 사랑은 생활문화 곳곳에 펴져있는데 붉은색은 타오르는 불꽃처럼 흥성하고 발달하고 일어나는 색이라 횡재의 상징이 됩니다. 결혼식 때 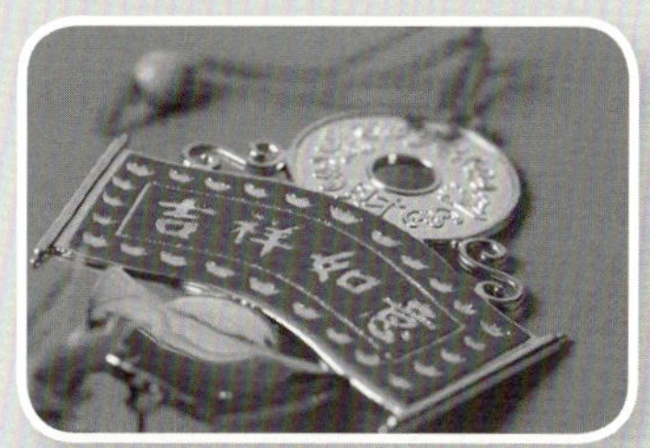 신부는 붉은 옷을 입고 그 집안에 불씨를 들고 들어오며, 새해나 개업식에 돌리는 돈 봉투는 모두 붉은색이고 청첩장도 붉은색입니다. 경사가 났을 때는 붉은색으로 계란을 삶아 돌리고 심지어는 중국의 국기도 붉은색이지요. 문화대혁명 당시 약진을 나타내는 붉은색에 차량이 멈춘다는 것은 말이 안 된다 하여 붉은 신호등에 통행, 푸른 신호등에 멈춤이라는 전무후무한 제도도 만들었던 것이 중국입니다.

흰색은 초상의 의미가 있어 장례 때 부의금을 넣는 정도지만 흑색에 반하여 정도(正道)라는 의미를 나타내고 검은 색은 항상 어두운 분야를 나타냅니다. 그래서 흑시장(黑市场), 흑전(黑钱), 흑사회(黑社会), 흑해자(黑孩子-호적 없는 아이) 등의 표현을 사용하고 황제의 후손이라 일컫는 중국인들은 노란색을 신성시하여 황제의 권위를 나타내는 색이지만 현대에서는 음란, 퇴폐문화의 상징이 되기도 한 색입니다.

술어 3 – 일반동사 구문

• **본 과의 목표** : 가장 중요한 술어 동사를 이해하고 가능한 한 많은
말을 만들어보기

- 看 kàn 보다
- 话(話) huà 말, 이야기
- 字 zì 글자, 문자
- 听(聽) tīng 듣다
- 去 qù 가다
- 卖(賣) mài 팔다
- 吃 chī 먹다
- 学(學) xué 배우다
- 学习(學習) xué xí 학습(하다), 공부(하다)
- 电视(電視) diàn shì 텔레비전
- 爱(愛) ài 사랑하다, 좋아하다

- 说(說) shuō 말하다
- 写(寫) xiě 쓰다
- 念 niàn 소리 내어 읽다, 낭독하다
- 来(來) lái 오다
- 买(買) mǎi 사다
- 工作 gōng zuò 일하다
- 饭(飯) fàn 밥

성민샘 잔소리!

외국어를 처음 시작할 때, 너무 많은 새 단어가 등장하면 실패의 가능성이 높습니다. 결벽증이 많은 한국인들은 제대로 익히지 않은 단어 하나만 있어도 그 과를 넘어가지 못합니다. 그래서 새 단어는 가능한 한 적을수록 좋습니다.

본 과가 전체 과정 중에서 가장 많은 새 단어가 나옵니다. 왜 그럴까요? 그만큼 동사가 중요하기 때문이지요. 외국어의 구사능력은 동사가 결정합니다. 가능한 많이 외우시면 좋겠죠? 하지만 기분 좋은 것은 영어처럼 동사의 시제변화도 없고 일본어처럼 어미변화도 없다는 점입니다.

다른 외국어를 해보신 분이라면 여기서 만세 한번 정도는 외쳐주는 센스를~~~

역시 마찬가지로 주어 뒤에 동사를 붙이기만 하면 문장은 완성. 형용사 처럼 '很'도 필요 없으니 더 쉽죠.

他 工 作。
Tā gōng zuò.

그는 일합니다.

他 工 作 吗?
Tā gōng zuò ma?

그는 일합니까?

他 不 工 作。
Tā bù gōng zuò.

그는 일하지 않습니다.

他 不 工 作 吗?
Tā bù gōng zuò ma?

그는 일하지 않습니까?

她 吃 饭。
Tā chī fàn.

그녀는 밥을 먹습니다.

她 吃 饭 吗?
Tā chī fàn ma?

그녀는 밥을 먹습니까?

她 不 吃 饭。
Tā bù chī fàn.

그녀는 밥을 먹지 않습니다.

她 不 吃 饭 吗?
Tā bù chī fàn ma?

그녀는 밥을 먹지 않습니까?

동사와 형용사의 차이는 동사는 뒤에 목적어 '을, 를'을 가져올 수 있다는 것입니다. 이 내용 만 보고서 중국어가 영어와 구조가 같다고 하는 사람들이 많습니다. 천만의 말씀이지요.

老 师 说, 我 听。
Lǎo shī shuō, wǒ tīng.

선생님이 말씀하시고, 나는 듣는다.

他 念, 我 们 听。
Tā niàn, wǒmen tīng.

그가 읽고, 우리는 듣는다.

他 看 电 视 吗?
Tā kàn diàn shì ma?

그는 TV를 봅니까?

他 不 看 电 视, 他 念 书。
Tā bú kàn diàn shì, tā niàn shū.

그는 TV를 보지 않고, 책을 읽습니다.

我 们 看 电 视。
Wǒmen kàn diàn shì.

우리는 TV를 봅니다.

他 来。
Tā lái.

그는 온다.

我 去。
Wǒ qù.

나는 간다.

他 买 书。
Tā mǎi shū.
그는 책을 산다.

我 卖 书。
Wǒ mài shū.
나는 책을 판다.

老 师 说 话。
Lǎo shī shuō huà.
선생님이 말씀하십니다.

我 们 写 字。
Wǒmen xiě zì.
우리는 글을 씁니다.

我 们 学 习 汉 语。
Wǒmen xué xí Hàn yǔ.
우리는 중국어를 공부합니다.

왜 해석이 경어투와 반말투를 섞어 반존말 퍼레이드인가요? 설레게 하려는 것이 아니고 중국어는 존대말이 따로 없으니 구분이 없다는 것을 보여드릴려고 한 겁니다.

이제까지의 내용이 이해가 되었으면 다음의 말들을 머릿속에서 만들고
소리내어보세요.

나는 가는데 그는 안 간다.
나는 짜장면을 먹고, 그는 짬뽕을 먹는다.
나는 너를 사랑한다.
나는 너를 사랑하지 않는다.
당신은 나를 사랑하나요?
당신은 나를 사랑하지 않나요?

■ 언어특징

중국은 몇 천 년 전에 사용해오던 표의문자를 그대로 쓰고 있습니다. 그러다보니 고립어의 특징과 함께 언어로서는 비교적 발달하지 못한 형태를 보이는 것이 사실입니다. 과거에는 단음절 언어로 글자하나가 하나의 뜻을 나타냈지만 현대한어는 점차 다음절화 되어가고 있으며 이는 언어상의 이해도에 편리함을 주기 위한 것으로 인식됩니다. 예를 들어 과거 고문의 중국어에서 돌은 '石' 한 글자로 표현했지만 현대한어에서는 '石头'라고 다음절이 되는 것처럼 말입니다. 그래서 이러한 발달하지 못한 언어들의 공통된 특징으로 반복이 심하여 한마디 말을 여러 번 하는 경우를 자주 볼 수 있습니다.

고맙다는 말을 할 때 '谢谢'라고 하지 않고 너 댓 번 이상 반복하는 사람이 많으며 이것이 또한 강조법의 한 방법이기도 합니다. 그리고 몸짓을 이용한 동작이 많이 발달할 수밖에 없는 것도 사실이라 안 그래도 시끄러운 대화 속에 정신없이 오가는 손짓들도 난무하는 것이 특징이라 할 수 있겠습니다.

술어 4 – "有" 구문

• 본 과의 목표 : 마지막 술어 '有' 구문을 이해하고 일상문의 형태를
  완성하기

- **有** yǒu 있다

- **没** méi 없다(沒有와 같음)

- **钱**(錢) qián 돈

- **铅笔**(鉛筆) qiānbǐ 연필

- **圆珠笔**(圓珠筆) yuán zhū bǐ 볼펜

- **书包**(書包) shū bāo 책가방

- **表**(錶) biǎo 시계

이상이 본과의 새 단어들인데 단어가 너무 부족해 불만이신 분들을 위해 (있을지는 모르겠지만) 호칭을 위한 아래 서비스 어휘들도 봐주세요.

- **先生** xiān sheng 미스터, 남성에 대한 호칭

- **小姐** xiǎo jiě 아가씨, 미스, 여성에 대한 호칭

- **爱人**(愛人) ài rén 남편 또는 아내

- **同学**(同學) tóng xué 학우, 동창, 동급생

- **同事** tóng shì 동료

- **同屋** tóng wū 룸메이트, 동숙인

- **同志** tóng zhì 동지

- 张(張) Zhāng 장(姓氏)

- 李 Lǐ 이(姓氏)

- 王 Wáng 왕(姓氏)

- 陈(陳) Chén 진(姓氏)

- 朋友 péngyou 친구

'…을 가지고 있다' 라는 의미의 술어 '有'는 한 가지만 기억하시면 됩니다. 부정이 '不'가 아니라 '没'라는 것.
부정문에서 '没有'는 '没'로 줄여 사용해도 됩니다.

我 有 钱。
Wǒ yǒu qián.
나는 돈이 있다.

他 没 有 钱。
Tā méi yǒu qián.
그는 돈이 없다.

张 老师 有 铅 笔。
Zhāng lǎo shī yǒu qiān bǐ.
장선생님은 연필을 가지고 있다.

李 同 学 有 圆 珠 笔。
Lǐ tóng xué yǒu yuán zhū bǐ.
리군(급우)은 볼펜을 가지고 있다.

王 老师 没 有 书 包。
Wáng lǎo shī méi yǒu shū bāo.
왕선생님은 책가방이 없다.

陈 小 姐 没 有 表。
Chén xiǎo jiě méi yǒu biǎo.
Miss. 천은 시계가 없다.

我 (的) 爱 人 **有** 好 词 典。
Wǒ (de) ài rén yǒu hǎo cí diǎn.

나의 배우자는 좋은 사전을 가지고 있다.

我 (的) 同 屋 **有** 汉 语 词 典。
Wǒ (de) tóng wū yǒu Hàn yǔ cí diǎn.

나의 룸메이트는 중국어사전을 가지고 있다.

我 (的) 朋 友 **有** 便 宜 的 表。
Wǒ (de) péng you yǒu pián yi de biǎo.

내 친구는 싼 시계를 가지고 있다.

너무 쉬워서 추가한 내용이 두 가지나 되네요. 먼저 중국인은 '的'를 많이 사용하려고 하지 않습니다. 그래서 사람과 사람 사이에는 생략을 해도 되는데, 가능하면 생략함이 더 좋겠네요.
나의 선생님 (我的老師 → 我老師)

두 번째는 수식인데 명사와 명사의 연결은 그냥 하면 된다고 배웠습니다. 형용사의 경우는요. 단음절 즉, 한글자이면 뒤에 명사를 그냥붙이고 두 음절 이상이면 '的'를 붙입니다.

好 词 典　　　便 宜 的 表

이제까지의 내용이 이해가 되었으면 다음의 말들을 머릿속에서 만들고
소리내어보세요.

나는 돈이 있다.
그는 돈이 없다.
그녀는 매력이 있다.
너 돈 있니?
너 돈 없냐?
나 전화가 없는데.
나 애인 없어요.
나에게 좋은 술이 있는데.
나에게 싼 술은 없어요.
나는 중국술이 있어요.

성민샘 잔소리!

중국어의 4가지 술어를 모두 끝냈습니다. 정말 경축할 일입니다. 아침에 눈뜨고 밤에 잠드는
그 순간까지 우리가 하는 말을 모두 만들 수 있는 기본을 갖추었습니다. 이제 본인들이 필요
한 단어를 필요성에 의하여 스스로 찾아 붙이기만 하면 1번 목표인 '내가 할 말만 전달한다'
단계의 완성!!!

■ 타이완

중국은 우리나라와 같은 분단국이라 할 수도 있습니다. 대륙의 중화인민공화국과 타이완에 임시정부를 두고 있는 중화민국의 구분이 있지만 중국은 국제 외교상에서 하나의 중국 원칙을 내세우고 있어서 중국과 국교를 맺으려면 타이완과의 국교가 있어선 안 되고 두 곳의 국기를 함께 계양한다든지 'China'라는 명칭을 쓰지 못하게 합니다.

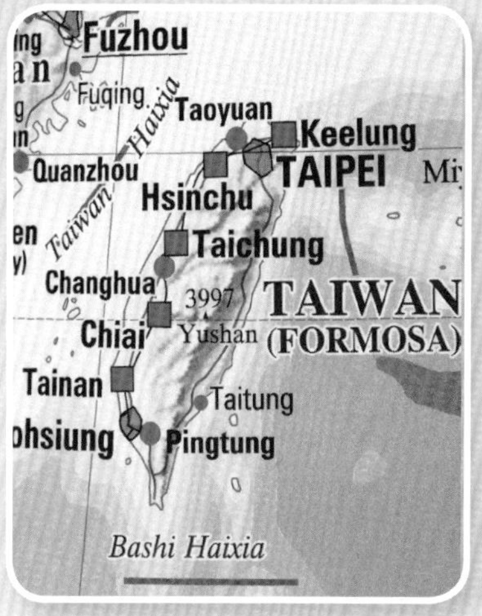

타이완과 국교를 가진 나라는 '중화민국'이라 칭하지만 국제사회에서는 보통 '타이완'이라고 부릅니다. 올림픽 등의 국제 경기상에서도 타이완은 국가명칭과 국기를 쓸 수 없어 '차이니

스타이페이'라는 명칭으로 청천백일기가 아닌 다른 국기를 계양하고 있습니다. 1992년까지 아시아에서는 유일하게 우리나라만이 타이완과 국교를 유지했지만 92년 한중수교와 함께 우리나라와도 국교가 단절되고 말았습니다. 하지만 상호대표부를 설치하여 실질적인 관계는 여전히 유지하고 있지만 예전과 같은 형제우방국가라는 명칭은 사라졌지요.

타이완 역시 국어라고 불리는 표준중국어를 공용어로 사용하지만 그 글자는 간체자가 아닌 번체자를 사용하고 발음표기 또한 한어병음이 아닌 주음부호를 사용합니다. 현지의 토속방언인 민남어는 생활속에 깊이 뿌리박고 있고 국어에 비교하여 민남어를 모어(母語)라고 부르며

민남어를 활성화시키려는 단체도 있습니다.

우리나라를 한반도, 삼천리 금수강산 등으로 표현하듯 중국대륙은 '신주(神州)'라고 하며, 타이완은 '보도(寶島)', 혹은 포르투칼어로 '포모사'라는 명칭을 즐겨 사용하지요.

대륙과 타이완의 관계는 '양안관계(兩岸關係)'라는 명칭으로 자주 시사에 등장합니다.

소유격(a+的), 반복의문문

• 본 과의 목표 : '的'의 상용용법 두 가지를 익히고 무조건 문장 끝에 '吗'만 붙여서 만드는 의문문 외에 술어반복을 이용한 의문문 만들기를 이해한다.

- 蓝(藍) lán 남빛(의), 남색(의)

- 红(紅) hóng 붉다, 빨갛다, 다홍, 주홍

- 黄(黃) huáng 노랗다, 노란색, 황색

- 黑 hēi 검다 ≠ 白 bái 흰색, 희다

- 新 xīn 새롭다 ≠ 旧(舊) jiù 낡다

- 衣服 yī fu 옷, 의복

중국어로 가족 구성원의 호칭을 알아둡시다. 모두가 같은 글자의 반복이라 외우시기 편할 겁니다. 간혹 존칭에 관하여 물어보는 사람이 있는데 아버지나 아빠나 모두 동일하게 불러집니다. 중국어는 존칭이 따로 없다는 사실 다시 한 번 기억하세요. 편하죠?

- 爸爸 bà ba 아버지, 아빠

- 妈妈(媽媽) mā ma 어머니, 엄마

- 哥哥 gē ge 형, 오빠

- 姐姐 jiě jie 언니, 누나

- 弟弟 dì di 남동생

- 妹妹 mèi mei 여동생

- 爷爷(爺爺) yé ye 할아버지

- 奶奶 nǎi nai 할머니

'명사 + 的'를 단독으로 해서 '~의 것'이라는 뜻으로 사용됩니다. 뒤에 피수식 성분이 생략되어 있는 형태라고들 하는데 머리 아프게 용어 만들어 문법을 어렵게 할 필요는 없죠.

这 是他 的。
Zhè shì tā de.

이것은 그의 것이다.

这 是他 的 吗?
Zhè shì tā de ma?

이것은 그의 것입니까?

这 不 是 他 的。
Zhè bú shì tā de.

이것은 그의 것이 아니다.

这 不 是 他 的 吗?
Zhè bú shì tā de ma?

이것은 그의 것이 아닙니까?

'형용사 + 的'는 명사의 경우와 달리 '~ㄴ것'이라는 뜻으로 상용됩니다.

他 的 衣 服 是 红 的。
Tā de yī fu shì hóng de.

그의 옷은 붉은 것이다.

他 的 衣 服 是 红 的 吗?
Tā de yī fu shì hóng de ma?

그의 옷은 붉은 것입니까?

他 的 衣 服 不 是 红 的。
Tā de yī fu bú shì hóng de.

그의 옷은 붉은 것이 아니다.

他 的 衣 服 不 是 红 的 吗?
Tā de yī fu bú shì hóng de ma?

그의 옷은 붉은 것이 아닙니까?

'的'의 단순한 용법 두 가지 일 뿐이니 가볍게 표현법을 확장시킨다는 의미로 새 단어 외우듯이 하시면 됩니다. 이해하려고 또 머릿속에서 열심히 정리하고 계시는 분들, 재미난 외국어를 왜 힘들게 하려고 용쓰시나요.

포인트!

중국어 어법상 의문문을 만드는 방법의 두 번째로 어순은 변하지 않고 술어가 O×로 반복하면 뒤에 '吗'가 없이 의문문이 됩니다. 우리가 배운 술어 네 가지 '是', 형용사, 동사, '有'의 네 가지 술어로 다음과 같이 의문문을 만들 수가 있습니다.

你 是 不 是 学 生?
Nǐ shì bú shì xué sheng?

당신은 학생입니까?

你 (的) 老 师 好 不 好?
Nǐ de lǎo shī hǎo bù hǎo?

당신의 선생님은 좋습니까?

你 们 看 不 看 电 视?
Nǐmen kàn bú kàn diàn shì?

여러분은 TV를 봅니까?

你 有 没 有 钱?
Nǐ yǒu méi yǒu qián?

당신은 돈이 있습니까?

이상과 같은 의문문 형식은 '이냐 아니냐', '좋으냐 안 좋으냐' 식의 따지는 듯한 어조처럼 보이나 실은 문장 끝에 吗가 붙은 의문문과 어감상 큰 차이가 나지 않습니다. 중국의 남방 사람들이 즐겨 쓰는 의문문 형태로 따지고 드는 것으로 오해하지는 마세요.
그리고 발음할 때는 가볍게 경성으로 읽어주면 됩니다.

이제까지의 내용이 이해가 되었으면 다음의 말들을 머릿속에서 만들고
소리내어보세요.

나의 것
한국 것
선생님 것
새 것
낡은 것
비싼 것
넌 내꺼야.
난 너의 것이 아니야.
나의 가방은 비싼 것이다.
이건 비싼 건가요, 아닌가요?
중국어는 어려워요 안 어려워요?
넌 날 사랑하니 안하니?
너는 빨간 옷이 있니 없니?

■ 근(斤)

　중국에서 물건을 살 때, 특히 식품을 구입할 때는 반드시 근 단위를 이해해야 합니다. 과일을 사도 개수로 파는 경우가 없고 근으로 파는데, 만두를 사러 갔다가 '몇 근을 드릴까요' 하면 한국 사람의 입장에서는 상당히 당혹스러운 경우가 많습니다. 수박의 가격을 물어보면 하나 얼마가 아니라 '한 근에 얼마입니다' 라는 대답이 돌아오고 수박 한 통을 달아서 '몇 근이니 얼마이다'

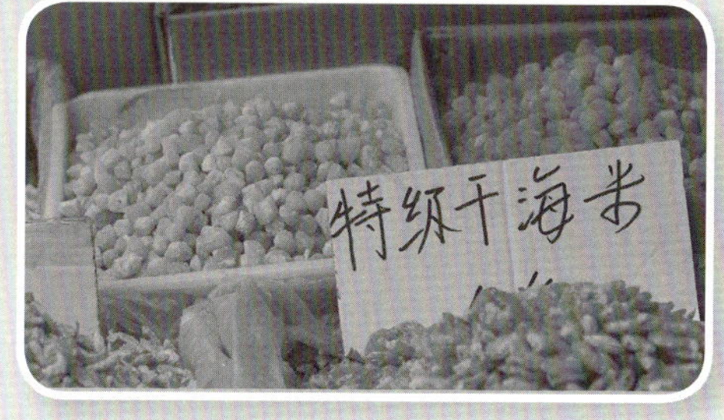

라는 식의 거래가 이루어집니다. 식료품 가게의 유리상자속에 진열되어있는 각종 견과류나 과자, 사탕도 이와 마찬가지이며 큰 과일의 경우도 한 근씩 잘라 따로 파는 경우도 많습니다.

　근의 아래 단위는 량(兩)으로 한 근은 열량이 아니라 16량이지요. 그래서 중국어에 반근8량이라는 말이 있습니다. 요즘 유행어로 '도긴개긴'이란 뜻이지요.

　1근은 중국에서는 500g, 타이완에서는 600g입니다.

지시 대명사, 의문 대명사

- **본 과의 목표 :** 어법상 마지막 의문문인 의문사 의문법을 만들고 그에 상응하는 의문사들을 익히기가 목표입니다. 아마도 처음 듣는 기상천외한 한자들로 구성된 의문사들을 외우느라 힘이 드시겠네요.

- 这儿(這兒) zhèr
- 这里(這裡) zhèli 여기, 이곳
- 那儿(那兒) nàr
- 那里(那裡) nàli 그곳, 저곳
- 哪儿(哪兒) nǎr
- 哪里(哪裡) nǎli 어느 곳, 어디

> 여기 저기 어디라는 장소를 나타내는 말은 지시대명사 뒤에 '里'를 붙여서 만듭니다. 지금 중국의 수도는 베이징이고, 수도의 텃세로 인하여 베이징의 토속어는 방언이지만 표준어라는 가면을 쓰고 표준어 영역에 밀입국한 요소들이 많습니다. 베이징 일대의 언어특색으로 '儿'은 여러 가지 이유로 아이라는 뜻으로 사용되는 경우를 제외하고는 앞 글자와 붙어 한 글자처럼 읽습니다. 이는 방언적 요소이긴 하지만 오랫동안 써오던 관습으로 인하여 이미 표준어의 범주에서 인정받는 것들이라고 할 수 있죠.

- 谁(誰) shéi 누구, 어느 분
- 什么(甚麼) shén me 무엇, 무슨, 어느
- 为什么(爲甚麼) wèi shén me 왜
- 什么时候(甚麼時候) shén me shí hou 언제
- 怎么(怎麼) zěn me 어떻게, 왜
- 怎么样(怎麼樣) zěn me yàng 어때

> 우리가 일반적으로 육하원칙이라고 말하는데 동양의 언어에서는 영어의 'how about'에 해당하는 '어때요?'를 포함해서 항상 '칠하원칙'으로 익혀두심이 편합니다. 이상의 7가지 의문사, 꼭 외워야겠죠? 그러나 처음하시는 분은 지금 당장 잘 외워지지가 않을 겁니다만, 시간이 지나면 이 단어들을 외우느라고 왜 그리 고생을 했을까 웃을 날이 분명히 옵니다.

중국어에서는 절대로 어순이 변하지 않는다고 했습니다.
내가 모르는 부분에 그에 해당하는 의문사를 넣으면 바로 완벽한 의문문이 되지요. (도대체 누가 중국어를 어렵다고 한거야?) 의문사 부분을 다른 색깔로 표시해 놓았습니다.

他 是 谁?
Tā shì shéi?

그는 누구입니까?

谁 去 中 国?
Shéi qù Zhōng guó?

누가 중국에 갑니까?

这 是 谁 的?
Zhè shì shéi de?

이것은 누구의 것입니까?

这 是 什 么?
Zhè shì shén me?

이것은 무엇입니까?

那 是 什 么 书?
Nà shì shén me shū?

그것(저것)은 무슨 책입니까?

你 去 哪儿?
Nǐ qù nǎr?

당신은 어디에 갑니까?

你 为 什 么 去?
Nǐ wèi shén me qù?

당신은 왜 갑니까?

你 什 么 时 候 去 中 国?
Nǐ shén me shí hou qù Zhōng guó?

당신은 언제 중국에 갑니까?

怎 么 吃?
Zěn me chī?

어떻게 먹습니까?

怎 么 不 吃?
Zěn me bù chī?

왜 안 먹습니까?

他 的 书 怎 么 样?
Tā de shū zěn me yàng?

그의 책은 어떻습니까?

이상의 의문사는 다른 여러 가지 형태로도 쓰여지는데 '어디, 어느 곳, 어느 장소, 어떤 곳'처럼 한국말도 여러 가지로 표현할 수 있듯이 중국어도 많은 의문사가 등장합니다만, 이상의 기본 의문사만 일단 익혀두시면 그 어떤 말도 다 할 수 있습니다. (물론 아직 상대방의 말을 알아듣기에는 어휘가 많~~~이 모자라지만…)

이제까지의 내용이 이해가 되었으면 다음의 말들을 머릿속에서 만들고
소리내어보세요.

넌 누구냐?

넌 누굴 사랑하니?

이건 뭐지?

이건 무슨 옷이야?

선생님 어디 가셔?

선생님 언제 오셔?

너는 왜 그녀를 사랑해?

어떻게 읽어요?

왜 안 읽지?

저 사람 옷 어때?

■ 고문(古文)과 백화(百话)

지금 우리가 배우는 중국어와 한문은 동일한 것일까요?

한문은 고대의 중국어로 고문 혹은 문언문이라고 하는 것으로 우리가 어려워하듯 중국인들도 어려워합니다.

지금 사용되는 중국어는 언어학용어로 현대한어라고 하는 말하는 대로 쓰는 방식으로 이를 백화문이라고 부르지요.

우리의 목적은 백화문을 배우는 것이기에 고문인 한문을 몰라도 상관이 없습니다만 소위 고급 중국어라 함은 이러한 고문의 형태가 상당히 포함되므로 나중에 멋진 중국어를 구사하려면 서면체 형태인 고문도 익혀두시는 것이 좋겠네요.

우리나라 사람도 용비어천가를 읽고 해석하기가 힘든 것은 매 한가지이니 걱정은 마시구요.

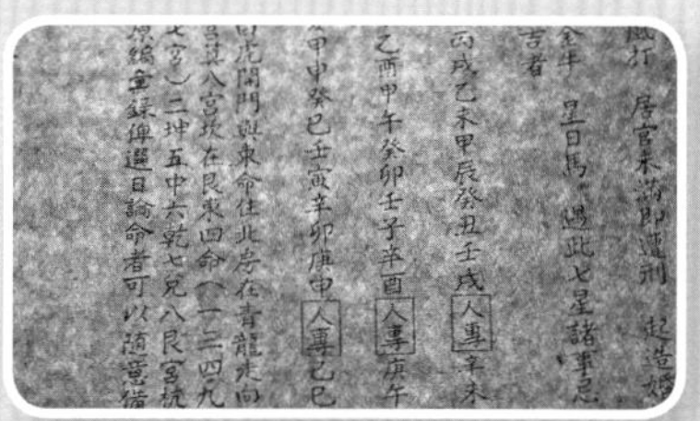

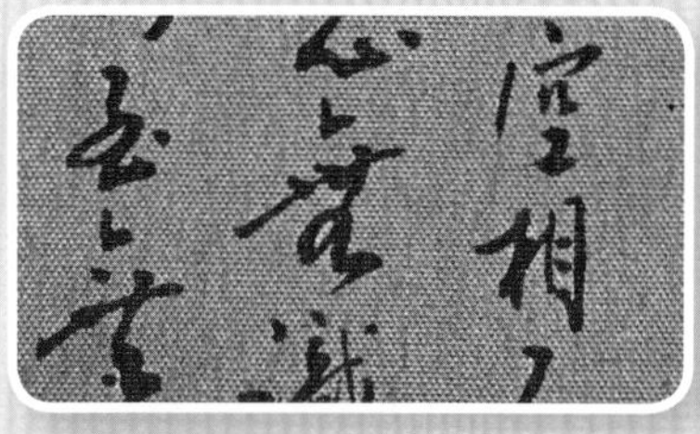

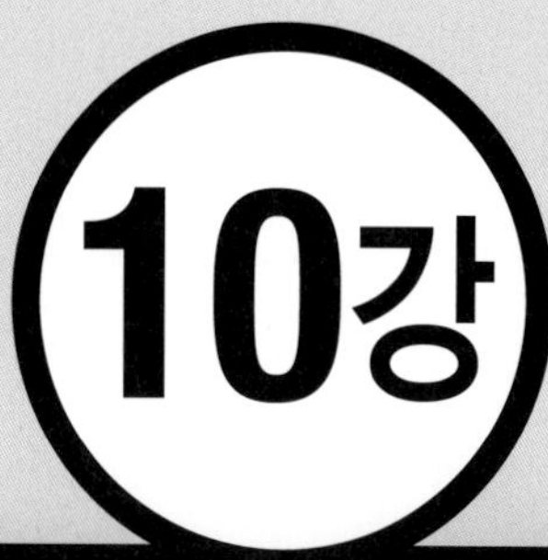

10강

양사(量词)

- 본 과의 목표 : 양사를 외우는 것이 아니라 '왜 이리도 일찍 양사를 배워야 하는가'만 이해하면 되는 과

물건을 세는 단위를 나타내는 말은 많이 있습니다. 한국의 한 권, 한 장, 한 자루, 한 벌, 한 모금 등등… 그러한 단위를 나타내는 어휘를 양사라고 하는데 아래 몇 가지 예 중에서 머리 아프신 분은 일단 '个' 하나만 외워두시고 넘어가도 아무런 문제가 없습니다.

- **个**(個) gè 개, 명(사람을 세는 양사)

- **本** běn 권(책을 세는 양사)

- **张**(張) zhāng 장(종이, 책상, 침대 등 넓은 표면을 가진 것을 세는 양사)

- **把** bǎ 의자나 손잡이가 있는 기구를 세는 양사

- **件** jiàn 건, 벌(일, 사건, 옷 등을 세는 양사)

- **支**(枝) zhī 자루(가늘고 긴 물건을 세는 단위)

- **些** xiē 약간, 몇(부정의 적은 수량을 나타냄)

- **地图**(地圖) dì tú 지도

- **画**(畫) huà 그림, (그림을)그리다

- **纸**(紙) zhǐ 종이

- **床**(牀) chuáng 침대

- **两**(兩) liǎng (숫자)둘

- **几**(幾) jǐ (대)(숫자를 묻는)몇

- **多少** duōshao (대)(숫자, 양을 묻는)얼마

① 그 어떤 언어도 숫자를 읽는 방법은 두 가지가 있습니다. '일, 이, 삼, 사…' 와 '하나, 둘, 셋, 넷…'처럼 말입니다. 중국어는 이 양자의 차이가 단 하나의 숫자에서만 등장합니다. 바로 단 단위 2!
'일, 이, 삼, 사…'의 2는 二, '하나, 둘, 셋, 넷'의 둘은 两.
그 외의 나머지 모든 숫자는 동일합니다.

② 앞 과에서 배운 의문사 7종 외에 숫자나 양을 물어보는 '几'와 '多少'가 포함되어 이제 의문사가 완성되었습니다. '几'와 '多少'에 대한 구분은 별의 별 해괴한 설명이 많은데 그건 넘어가시고 간단히 한국어로 '몇'은 '几', '얼마'는 '多少'로 외워주세요. 별나게 전화번호 따위의 표현법이 다르게 사용되는 경우 외에는 한국어와 완전히 똑같습니다.

'한 권, 두 자루, 세 장'처럼 양사를 기본적으로 표현하는 방법입니다. 중국에서는 사람도 '한 개, 두 개'의 '个'로 표시하는 것. 이상하겠지만 알아두시구요. 이 모든 양사를 '个'로 표현해도 엄밀히 말하면 틀렸다고 할 수가 없지요. 그래서 어휘암기에 메모리가 딸리시는 분들은 일단 '个'만 외워두시라고 한 겁니다.

我 有一 本 书。
Wǒ yǒu yī běn shū.

나는 책 한권을 가지고 있다.

他 有 两 支 铅 笔。
Tā yǒu liǎng zhī qiān bǐ.

그는 연필 두자루를 가지고 있다.

这 是 三 张 纸。
Zhè shì sān zhāng zhǐ.

이것은 세 장의 종이다.

我 有 三 个 朋 友。
Wǒ yǒu sān ge péng you.

나는 세 명의 친구가 있다.

★★이번과의 핵심 등장입니다.

왜 이리 일찍 한국어로도 다 모르는 양사를 중국어로 배워야 했을까요? 중국어의 특성상 그 어느 나라 언어와도 다르게 표현하는 부분이 있는

데 그것이 바로 지시대명사 (의문대명사 포함) '这, 那, 哪'
그것이 지시하는 바가 오면 반드시 사이에 양사를 넣어야 합니다. 이것
이 바로 우리가 이해하기 힘든 중국어의 표현법이죠. '이 사람, 저사람,
어느 사람'은 '这人, 那人, 哪人'이 아니라 '这个人, 那个人, 哪个人'으
로 쓴다는 말이지요.

이 때, 양사 앞에는 '一'이라는 숫자가 생략되어 있는 것입니다. 그래서
중국어는 '이 사람'이 아니고 '이 한사람', '저 사람'이 아니고 '저 한사람',
'어느 사람'이 아니고 '어느 한사람'이라고 하는 것이지요. 왜 그렇게 표
현 하냐고 반문하시려면 중국어를 처음 만든 사람에게 따지시구요. (영
어를 배우시면서 I am a boy.에서 왜 '한 명의'라는 뜻을 나타내는 부정
관사 a가 들어가야만 하냐고 반문한 적이 없으시죠? 같은 원리입니다.)

我 买 那 **本** 书。
Wǒ mǎi nà běn shū.
나는 그(저) 책을 산다.

我 看 那 张 画。
Wǒ kàn nà zhāng huà.
나는 그(저) 그림을 본다.

한국어로 '옷이 몇 벌 있니?' '나 옷이 얼마나 있니?'의 차이를 따지고 드
는 분이 아니라면 두 의문사의 차이에 너무 신경 쓰지 않고 문장을 만
들 수 있으시겠지요. '多少'뒤에는 양사를 넣어도 되긴 하나 없는 편이
우리가 이해하기에는 더 편합니다.

你 有 几 件 衣 服?
Nǐ yǒu jǐ jiàn yī fu?

당신은 옷이 몇 벌 있습니까?

你 有 多 少 衣 服?
Nǐ yǒu duō shao yī fu?

당신은 옷이 얼마나 있습니까?

这 本 书 很 好。
Zhè běn shū hěn hǎo.

이 책은 아주 좋다.

제 8강에서 배웠던 '的'용법 두 가지를 포함해서 만든 문장을 봅시다.

这 本 书 是 老 师 的。
Zhè běn shū shì lǎo shī de.

이 책은 선생님 것이다.

这 把 椅 子 是 贵 的。
Zhè bǎ yǐ zi shì guì de.

이 의자는 비싼 것이다.

那 张 地 图 是 中 国 的。
Nà zhāng dì tú shì Zhōng guó de.

그 지도는 중국 것이다.

'这张'이 엄밀히 말하면 '이 한 장'이라는 의미이니 '한 장'외에는 앞에
숫자를 추가해야겠죠. 그러나 너무 많은 셀 수 없는 양이 나오면 누가
그걸 다 세고 난 후에 말을 합니까? 그래서 복수를 통틀어 '些'라는 양
사 하나로 표현하는 겁니다.
'저 한 사람'은 '那个人'
'저 두 사람'은 '那两个人'
'저 세 사람'은 '那三个人'
우루루 떼거지로 오는 '저 사람들'은 '那些人'
이라고 표현하는 것이지요.

这 张 纸
Zhè zhāng zhǐ

이 종이 (한 장)

这 两 张 纸
Zhè liǎng zhāng zhǐ

이 두 장의 종이

这 三 张 纸
Zhè sān zhāng zhǐ

이 세 장의 종이

这 十 张 纸
Zhè shí zhāng zhǐ

이 열 장의 종이

这 些 纸
Zhè xiē zhǐ

이 종이들

那 些 书 是 谁 的?
Nà xiē shū shì shéi de?

그(저) 책들은 누구의 것입니까?

那 些 书 是 我 朋 友 的。
Nà xiē shū shì wǒ péng you de.

그(저) 책들은 내 친구의 것이다.

성민샘잔소리!

혹시 이번과의 목적을 망각하신 것은 아니지요?
왜 양사를 배웠나요? 지시대명사 뒤에 가리키는 바가 오면 사이에는 양사를 써야만 한다가
중국어이기 때문에 양사를 배운 것일 뿐입니다. 여러 가지 양사를 외우는 것이 결코 목적이
아닙니다.

一, 七, 八, 不 성조변화

중국어에서 성조변화는 不가 유일한 것이라고 이야기했었죠. 그런
데 엄밀히 말하면 3가지가 더 있습니다.

一는 단독으로 읽을 때와 숫자의 끝에 위치하면 제 1성, 그 외에는
不와 똑같이 뒤에 제 1성, 제 2성, 제 3성이 오면 제 4성으로 읽고,

제 4성이 오면 제 2성으로 변하는 세 가지의 성조를 지닌 글자입니다.

一 (yī)
二十一 (èr shí yī)
一本 (yì běn)
一张 (yì zhāng)
一个 (yí gè)

一의 영향을 받은 또 다른 글자로 숫자 七와 八가 있는데 이 들은 오직 한 가지 뒤에 제 4성의 글자가 오면 제 2성으로 변하는 성질만 띕니다.........만 七와 八의 성조변화는 거의 사라져서 극히 일부지역이나 그 조차도 심하게 강조를 할 때 억양이 올라가는 정도로만 남아있기에 현대한어 어법에서 거의 다루지 않고 있습니다.

七个 (qí gè)
八万 (bá wàn)

그리고 一의 성조변화도 점차 사라져가는 추세로 조금 더 세월이 흐르면 사라지게 되겠지요. 그러면 그래도 익혀야 되지 않느냐고 반문하실텐데 한국 사람들이 좋아하는 이야기를 하면 되겠네요. 시험에 절대로 나오지 않습니다. 그러나 한국이라는 나라의 시험

문제에는 반드시 출제됩니다. 병적으로 중국어의 성조변화를 가지는 글자는 一, 七, 八, 不 4가지라고 강조합니다. 그래서 회화를 목적으로, 의사소통을 목적으로 하시는 분들은 무시하셔도 좋겠습니다.

이제까지의 내용이 이해가 되었으면 다음의 말들을 머릿속에서 만들고
소리내어보세요.

나는 두 명의 중국 친구가 있다.
나는 중국옷을 한 벌 가지고 있다.
나는 이 책을 본다.
나는 저 옷을 살래.
너는 책을 몇 권 가지고 있어?
너는 책을 얼마나 가지고 있는데?
이 가방은 매우 비싸다.
이 책
이 두 권의 책
이 열 권의 책
이 책들
저 옷들은 친구 꺼야.

■ 행정구역

중국어를 배우면서 넓은 대륙의 각 지역을 정확히 분석하기란 힘들겠지만 틈나는 대로 지도를 펴두고 위치들을 눈여겨 봐주시기 바랍니다.

중국의 행정구역은 우리나라의 도와 같은 성(省)이 있는데 총 23개의 성이 있습니다. (타이완을 포함하여. 중국인들은 타이완을 자기네 영토라고 하고 타이완의 중화민국 정부에서는 대륙을 자기네 영토라고 하니까요.)

23개의 성 외에 4개의 시, 5개의 자치구, 2개의 특별 행정구역이 있습니다.

각 성의 경우는 성정부소재지 즉, 성청이 있는 도시를 나라이름과 수도처럼 익혀두시면 편리하겠습니다.

■ 시 베이징, 상하이, 텐진, 충칭

■ 자치구 광시좡족자치구, 내몽골자치구, 닝샤후이족자치구, 티베트자치구, 신장위구르자치구

■ 행정구 홍콩특별행정구, 마카오특별행정구

■ 성과 성정부소재지

안후이성 – 허페이	푸지엔성 – 푸저우	간수성 – 란저우
광동성 – 광저우	구이저우성 – 구이양	하이난성 – 하이커우
허베이성 – 스자좡	헤이룽장성 – 하얼빈	허난성 – 정저우

후베이성 – 우한　　후난성 – 창샤　　쟝수성 – 난징

쟝시성 – 난창　　지린성 – 창춘　　랴오닝성 – 선양

칭하이성 – 신잉　　산시성 – 시안　　산둥성 – 지난

산시성 – 타이위안　　쓰촨성 – 청두　　윈난성 – 쿤밍

저쟝성 – 항저우　　타이완성 – 타이페이

■ 중국의 행정구역

		简称	首府
市	北京市	京	
	上海市	沪	
	天津市	津	
	重庆市	渝	
省	河北省	冀	石家庄
	山西省	晋	太原
	辽宁省	辽	沈阳
	吉林省	吉	长春
	黑龙江省	黑	哈尔滨
	江苏省	苏	南京
	浙江省	浙	杭州
	安徽省	皖	合肥
	福建省	闽	福州
	江西省	赣	南昌
	山东省	鲁	济南
	河南省	豫	郑州
	广东省	粤	广州
	湖南省	湘	长沙

省	湖北省	鄂	武汉
	海南省	琼	海口
	四川省	川/蜀	成都
	贵州省	贵/黔	贵阳
	云南省	云/滇	昆明
	陕西省	陕/秦	西安
	甘肃省	甘/陇	兰州
	青海省	青	西宁
	台湾省	台	台北
自治区	内蒙古自治区	蒙	呼和浩特
	广西壮族自治区	桂	南宁
	西藏自治区	藏	拉萨
	宁夏回族自治区	宁	银川
	新疆维吾尔自治区	新	乌鲁木齐
特别行政区	香港特别行政区	港	
	澳门特别行政区	澳	

청유형 구문

• **본 과의 목표** : 4대어형의 평서문, 의문문, 명령문, 감탄문 중에서 명령문을 만드는 방법 익히기.

- **请**(請) qǐng …해 주십시오(청유형)

- **吧** ba 청유형 문말 어기사

- **别** bié ～마라(금지문)

- **不要** bú yào ～마라(금지문)

이상의 4가지 어휘로 모든 명령문을 만들 수 있습니다.

- **喝** hē 마시다

- **酒** jiǔ 술

- **茶** chá 차

- **进**(進) jìn 들어가다, 진입하다

- **坐** zuò 앉다

- **用** yòng 사용하다

- **走** zǒu 가다, 떠나다, 걷다

- **电影**(電影) diàn yǐng 영화

소위 명령문이란 우리가 배운 4가지 술어 중에서 오직 <u>동사</u>의 경우에 만 해당되겠죠. '학생이거라', '비싸거라', '돈이 있거라'라는 말이 어디 있습니까? 동사가 들어간 문장 끝에 '吧'만 쓰면 명령문이 됩니다. 그리 고 또 존칭도 없는 중국어답지 않게 상당히 점잖은 표현으로 동사 앞에 '请'을 써도 명령문이 되지요. 물론 두 가지를 다 쓰고 안 쓰고는 본인마 음입니다.

请 坐!
Qǐng zuò!
앉으세요!

坐 吧!
Zuò ba!

请 坐 吧!
Qǐng zuò ba!

명령문은 '~하지 말라'는 금지형도 알아 두셔야겠죠. 금지형의 경우는 동사 앞에 '别'나 '不要'를 쓰면 완성됩니다. 물론 금지문의 경우에도 '请'이나 '吧'를 쓰고 안 쓰고는 역시 본인마음입니다.

别 (不 要) 吃!
Bié (bú yào) chī!

请 别 (不 要) 吃!
Qǐng bié (bú yào) chī!

别 (不 要) 吃 吧!
Bié (bú yào) chī ba!

请 别 (不 要) 吃 吧!
Qǐng bié (bú yào) chī ba!

먹지 마세요!

请 喝 茶!
Qǐng hē chá!

喝 茶 吧!
Hē chá ba!

请 喝 茶 吧!
Qǐng hē chá ba!

차 마시세요!

别 喝 酒!
Bié hē jiǔ!

别 喝 酒 吧!
Bié hē jiǔ ba!

请 别 喝 酒!
Qǐng bié hē jiǔ

请 别 喝 酒 吧!
Qǐng bié hē jiǔ ba!

술 마시지 마세요!

你 念 吧!
Nǐ niàn ba!

네가 읽어라!

来 吧!
Lái ba!

오세요!

走 吧!
Zǒu ba!

가라!, 갑시다!

'来吧'는 사용에 조심하시기 바랍니다. '오십시오'라는 말이지만 경우에 따라서는 '덤벼라' 등의 여러 가지 의미로 사용되는 말이니까요. 항상 구조학과 회화라는 두 과목이 있다는 사실 잊지는 않으셨지요? 회화파트에서 여러 가지로 활용연습을 하셔야 합니다.

전과에서 배웠던 양사용법을 포함해서 연습해봅시다.

你 看 那 个 电 影 吧!
Nǐ kàn nà ge diàn yǐng ba!

당신 그 영화를 보세요!

你 不 要 买 那 本 书!
Nǐ bú yào mǎi nà běn shū!

당신은 그 책을 사지 마세요!

请 进!
Qǐng jìn!

들어오세요!

请 用!
Qǐng yòng!

드세요!

'请进!' '请用!' 이 구문은 회화부분에서 다루어야 할 문장입니다. 관용적으로 고정된 형태의 말이라 글자 그대로 번역하여 '진입하시오.' '사용하시오.'가 아닌 회화적 의미로 사용되니까요. 지금부터라도 슬슬 회화를 병용하며 단어 외우듯 문장을 암송하시기 바랍니다.

한국에서 상다리 부러지게 음식을 차려놓고 손님에게 하는 말은 무엇입니까? '먹으세요' 인가요? '먹어라' 인가요. '드세요'라고 하죠. (뭘 들라고?) 외국인의 입장에서 상당히 난해한 부분인데 우리는 모국어이기 때문에 아무런 느낌 없이 넘어가지 않습니까?

중국어를 모국어처럼 응용하는 그날까지 아자~!!

이제까지의 내용이 이해가 되었으면 다음의 말들을 머릿속에서 만들고
소리내어보세요.

보세요.(3종)
사지 마세요.(4종)
이 가방을 사세요.(3종)
비싼 옷을 사지 마세요.(4종)

■ 화장실이야기

중국을 방문한 한국 사람들이 화장실 문제로 곤혹을 치른 경험이 있는 사람이 많을 것입니다. 지금은 거의 사라져가고 있지만 이는 대도시에 한정된 이야기이고 여전히 많은 곳에서 우리가 기함 졸도할 화장실을 볼 수가 있습니다.

원래 전통적으로 한 가구당 하나의 화장실을 가지지 않고 여러 가구가 모여 사는 마을 한 곳에 공동화장실을 설치해두고 이용하던 것이 원래 문화이다보니 지금도 공중화장실

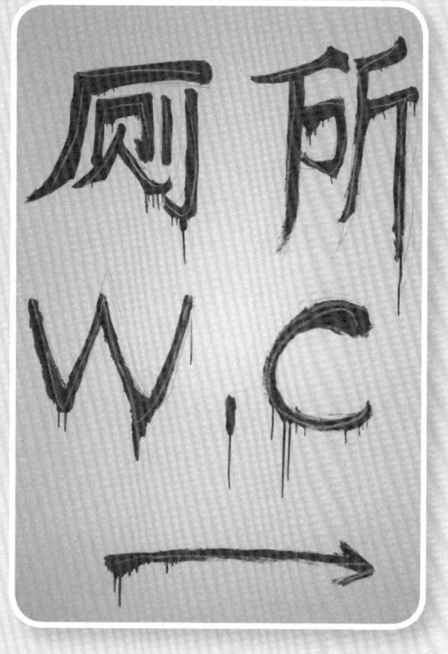

을 들어가면 그야말로 아무것도 없고 바닥에 구멍만 숭숭 나있으며 그 위에 자리 잡고 앉은 사람들이 엉덩이를 까고 서로 이야기를 하는 장면이 놀랍기만 하지요. 꼭 볼일을 보지 않더라도 화장실 안에서 담소를 나누거나 심지어는 뭔가를 먹는 사람도 있답니다. 이 문 없는 화장실이 외국인들에게는 너무나 곤혹스러운 것이라 2000년 올림픽을 유치하려던 중국이 화장실 개량사업에 힘써 지금은 대도시에서는 보기가 힘들어졌지만 큰 길에서 한 블록 정도 들어가 골목길 안에 있는 돈을 내지 않는 무료 공중화장실을 이용하면 여전히 그러한 형태입니다. 물론 남녀 칸의 구분은 있으니 걱정하지 마세요. 지금은 드물다 하더라도 한번쯤 일부러 찾아가 체험해보는 것도 좋은 경험이 아닐까요.

술어 5 – "在" 구문

• 본 과의 목표 : 별난 동사 '在'에 대한 이해와 장소 표현하기

- 家 jiā 집
- 在 zài …에 있다
- 〜边(邊) biān 〜쪽
- 前 qián 앞
- 后(後) hòu 뒤
- 上 shàng 위, 상
- 下 xià 아래, 하
- 里(裏, 裡) lǐ 안
- 外 wài 밖
- 左 zuǒ 좌(왼)
- 右 yòu 우(오른)
- 旁 páng 옆
- 东(東) dōng 동
- 南 nán 남
- 西 xī 서
- 北 běi 북

장소를 나타내는 표현에 단순히 전후좌우처럼 단음절로 표현하는 것이 고대한어의 특징이었지만 현대한어는 갈수록 다음절화 되어가고 있지요. 그래서 뒤에 방향을 나타내는 '边'을 붙여서 익혀주세요.

- **学校**(學校) xué xiào 학교

- **餐厅**(餐廳) cān tīng 식당

- **餐馆**(餐館) cān guǎn 식당

- **食堂** shí táng 구내식당

- **商店** shāng diàn 상점

- **工厂**(工廠) gōng chǎng 공장

기본 4가지 술어는 끝이 났는데 역시 가장 중요한 부분은 동사겠지요. 여타 외국어처럼 온갖 변화는 하나도 없는 대신 별도로 익혀두셔야 할 특수동사라고 할 만한 것들이 몇 개 있습니다. 그 첫 번째로 '있다, 계시다, 존재하다' 라는 동사 '在'에 대한 이해가 본과의 목표입니다.

食堂이란 단어는 우리가 길에서 볼 수 있는 음식점이 아닌 어떤 기관에 부속되어있는 식당만을 말합니다. 그래서 학교 내 학생식당, 회사 내 사원식당 등을 말하는 어휘이니 조심하세요.

① 장소 – 有 – 대상물

西 边 有 学 校。
Xī biān yǒu xué xiào.

서쪽에 학교가 있다.

이와 같은 표현은 사실 앞의 제 6강에서 거론되었던 내용입니다. 한국어로도 '서쪽에는 학교가 있다' 와 '학교가 서쪽에 있다'라는 표현이 있듯이 장소를 나타내는 어휘가 오는 위치에 따라 다음과 같이 표현할 수도 있죠.

② 대상물 – 在 – 장소

学 校 在 西 边。
Xué xiào zài xī biān.

학교는 서쪽에 있다.

즉, 이번과의 특수동사 '在'는 '있다, 계시다, 존재하다'라는 뜻의 동사로 일반 동사와는 달리 뒤에 을, 를의 목적어가 아닌 장소가 온다는 사실을 기억해두시면 가장 편한 이해방법이 되겠습니다.

③ 是(shì)를 이용한 장소의 표현

西 边 是 学 校。
Xī biān shì xué xiào.

서쪽은 학교다.

学 校 是 西 边。
Xué xiào shì xī biān.

학교는 서쪽이다.

중국어와 한국어는 표현법이 거의 같습니다. '서쪽이 학교다', '학교는 서쪽이지'처럼 우리말로 가능한 부분은 이렇게 '是'를 이용한 표현도 할 수 있습니다.

예 :

你 在 哪 里?
Nǐ zài nǎ li?

당신 어디에 있어요?

我 在 家。
Wǒ zài jiā.

나는 집에 있어요.

爸 爸 在 吗?
Bà ba zài ma?

아버지 계십니까?

在。
Zài.

계십니다.

爸 爸 在 家 吗?
Bà ba zài jiā ma?

아버지 집에 계십니까?

不 在。
Bú zài.

안계십니다.

不 在 家。
Bú zài jiā.

집에 안계십니다.

韩 国 在 中 国 东 边。
Hán guó zài Zhōng guó dōng biān.

한국은 중국의 동쪽에 있다.

中 国 在 韩 国 西 边。
Zhōng guó zài Hán guó xī biān.
중국은 한국의 서쪽에 있다.

工 厂 在 学 校 后 边。
Gōng chǎng zài xué xiào hòu biān.
공장은 학교의 뒤쪽에 있다.

学 校 后 边 有 工 厂。
Xué xiào hòu biān yǒu gōng chǎng.
학교 뒤쪽에 공장이 있다.

工 厂 是 学 校 后 边。
Gōng chǎng shì xué xiào hòu biān.
공장은 학교 뒤쪽이다.

学 校 后 边 是 工 厂。
Xué xiào hòu biān shì gōng chǎng.
학교 뒤쪽은 공장이다.

餐 厅 在 学 校 前 边。
Cān tīng zài xué xiào qián biān.
식당은 학교 앞에 있다.

学 校 前 边 有 餐 厅。
Xué xiào qián biān yǒu cān tīng.

학교 앞에 식당이 있다.

餐 厅 是 学 校 前 边。
Cān tīng shì xué xiào qián biān.

식당은 학교 앞이다.

学 校 前 边 是 餐 厅。
Xué xiào qián biān shì cān tīng.

학교 앞은 식당이다.

이제까지의 내용이 이해가 되었으면 다음의 말들을 머릿속에서 만들고
소리내어보세요.

선생님이 내 앞에 계신다.
내 앞에는 선생님이 있다.
(줄 선 자리에서) 내 앞은 선생님이다.
(줄 선 자리에서) 선생님은 내 앞인데.
학교 앞에 상점이 있다.
상점은 학교 앞에 있다.
학교 앞은 상점이다.
상점은 학교 앞이다.

동해에는 독도가 있다.
독도는 동해에 있다.

■ 개체호(个体户)

중국은 사회주의 국가입니다. 사회주의 국가는 배급을 하는데요. 과거 90년대까지만 해도 이들 배급물품의 교환과 판매가 이루어지던 장소를 프리마켓이라 하여 곳곳에서 시장의 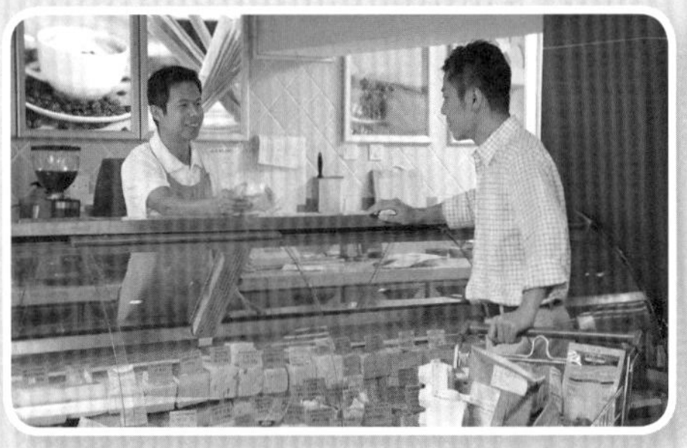 형태로 등장했습니다만, 이미 경제만큼은 자본주의 체제를 도입하여 빠른 성장과 함께 불과 몇 년 전만해도 성행하던 일들이 까마득한 옛날 이야기가 되고 말았지요. 이러한 경제 형태로 변하여 국영기업이 아닌 개인사업장이 곳곳에 등장하고 개인기업도 출현하게 되었는데 이를 개체호라고 합니다. 이미 우리보다 더 자유로운 경제체제를 구축한 지금은 이야깃거리도 안 되겠지만 중국식 경제를 이해하기 전에 알아두어야 할 어휘가 아닐까요.

13강

조동사

- **본 과의 목표** : 능원동사라는 이상한 이름의 특수동사들의 의미만 이해하고 목적어를 동사가 포함된 목적어구로 만드는 것이 이번과의 목표.

- 想 xiǎng …하고 싶다

- 要 yào …하기를 원한다, …해야만 한다

두 동사는 의미가 같지만 어감상 '要'가 좀 더 강하게 들리는듯한 느낌이 있습니다. 하지만 더 중요한 것은 '要'에는 뜻이 하나 더 있다는 사실. '～해야만 한다'라는 것. 그리고 '想'의 부정은 '不想'이 당연한 것이고 '要'의 부정은 '不要'를 써도 되지만 금지문과 혼동이 되어서인지 많은 문법가들이 '要'의 부정은 '不想'으로 해야 한다는 말을 합니다. 우리는 과감하게 무시합시다.

- 会 會 huì …할 줄 안다

- 能 néng …할 수 있다

- 可以 kě yǐ …해도 된다

'会'를 학습과 경험을 통하여 가능하게 된 것이라는 서양교재에 영어로 적힌 말을 번역하여 몇 십 년째 이야기 하는 사람들이 많은데 왜 자꾸 한국어와 비교를 하지 않을까요? 글자 하나만 외우셔도 됩니다. '会'는 '줄', '能'은 '수', '可以'는 '能'과 거의 같지만 '허락'이라는 측면이 강조된 동사로 판단하시면 됩니다.
수영을 '할 줄 안다'는 '会', 감기가 다 나아서 이제 수영을 '할 수 있다'는 '能', 이곳은 물이 얕고 안전해서 수영을 '해도 된다'는 '可以'처럼 말입니다.

- 喜欢(喜歡) xǐ huān 좋아하다

- 爱(愛) ài 사랑하다

'좋아하다'와 '사랑하다'는 분명히 차이가 있습니다.
뒤에 단독의 목적어를 가져오면 이 차이는 명백하지만 동사가 포함된 목적어구가 오면 두 동사의 의미는 거의 같아집니다.
'나는 너를 좋아한다' 와 '나는 너를 사랑한다'는 다르지만 '나는 영화보기를 좋아한다' 와 '나는 영화보기를 사랑한다'는 거의 같은 뉘앙스로 들린다는 말입니다.

- 作 zuò 만들다, 일하다

- 电影(電影) diàn yǐng 영화

- 音乐(音樂) yīn yuè 음악

- 歌 gē 노래

- 英语(英語) Yīng yǔ 영어

- 饺子(餃子) jiǎo zi 만두

- 包子 bāo zi 만두

- 水 shuǐ 물

看(kàn) + 电视(diàn shì) / 电影(diàn yǐng) / 书(shū)

听(tīng) + 音乐(yīn yuè) / 歌(gē)

说(shuō) + 汉语(Hàn yǔ) / 英语(Yīng yǔ)

吃(chī) + 饭(fàn) / 饺子(jiǎo zi) / 包子(bāo zi)

喝(hē) + 酒(jiǔ) / 茶(chá) / 水(shuǐ)

'책을 보다'는 분명히 '동사 + 목적어' 구조이지만 '책보기를 좋아한다' 라고 하면 "책보는 것을" 이 전체가 목적어구가 됩니다. 즉 목적어 속에 다시 동사와 목적어가 있는 형태가 되지요. 이러한 형태는 지금까지 배운 중국어를 몇 배나 풍성하게 표현할 수 있는 발판이 됩니다. 위에 제시한 구를 이용하여 여러 가지 말을 만들어보십시오.

예 :

你 想 作 什 么?
Nǐ xiǎng zuò shén me?
당신은 무엇을 하고 싶습니까?

我 想 听 音 乐。
Wǒ xiǎng tīng yīn yuè.
나는 음악을 듣고 싶어요.

我 要 听 音 乐。
Wǒ yào tīng yīn yuè.
나는 음악을 듣길 원해요, 나는 음악을 들어야 해요.

我 不 想 听 音 乐。
Wǒ bù xiǎng tīng yīn yuè.
나는 음악을 듣고 싶지 않아요.

你 会 说 汉 语 吗?
Nǐ huì shuō Hàn yǔ ma?
당신은 중국어를 할 줄 압니까?

我 会 说 汉 语。
Wǒ huì shuō Hàn yǔ.
나는 중국어를 할 줄 압니다.

他 能 看 电 影 吗?
Tā néng kàn diàn yǐng ma?
그는 영화를 볼 수 있습니까?

他 不 能 看 电 影。
Tā bù néng kàn diàn yǐng.
그는 영화를 볼 수 없습니다.

他 要 去 工 作。
Tā yào qù gōng zuò.
그는 일하러 가려합니다. 그는 일하러 가야만 합니다.

你 想 吃 什 么?
Nǐ xiǎng chī shén me?
당신은 무엇을 먹고 싶나요?

你 喜 欢 吃 什 么?
Nǐ xǐ huān chī shén me?

당신은 어떤 음식을 먹기를 좋아합니까?

我 爱吃 饺子。
Wǒ ài chī jiǎo zi.

나는 만두먹는 것을 좋아합니다.

你 会 喝酒 吗?
Nǐ huì hē jiǔ ma?

당신은 술을 마실 줄 아십니까?

我 不 会 喝酒。
Wǒ bú huì hē jiǔ.

저는 술을 마실 줄 모릅니다.

你 能 喝酒 吗?
Nǐ néng hē jiǔ ma?

당신은 술을 마실 수 있습니까?

我 不 能 喝酒。
Wǒ bù néng hē jiǔ.

저는 술을 마실 수 없습니다.

我 想要 喝茶。
Wǒ xiǎng yào hē chá.

나는 차를 마시고 싶어요.

이제까지의 내용이 이해가 되었으면 다음의 말들을 머릿속에서 만들고 소리내어보세요.

나는 중국영화를 보고 싶다.

나는 그 노래를 듣고 싶지 않다.

나는 술을 마실 줄 안다.

나는 술을 마실 줄 모른다.

(이제는 몸이 다 나아서) 나는 술을 마실 수 있다.

나는 술을 마실 수 없다.

(병이 나아서) 나는 술을 마셔도 된다.

나는 술을 마셔선 안 돼.

나는 중국음악 듣는 것을 좋아해.

나는 술 마시는 것을 싫어한다.

■ 중국백과

1. 가장 높은 산은?

해발 8,848미터의 주무랑마봉(珠穆郎瑪峰).

2. 가장 긴 강은?

총 길이 6,300미터의 장강(长江). 우리
에겐 양자강(揚子江)이란 이름으로 많이
알려져 있습니다.

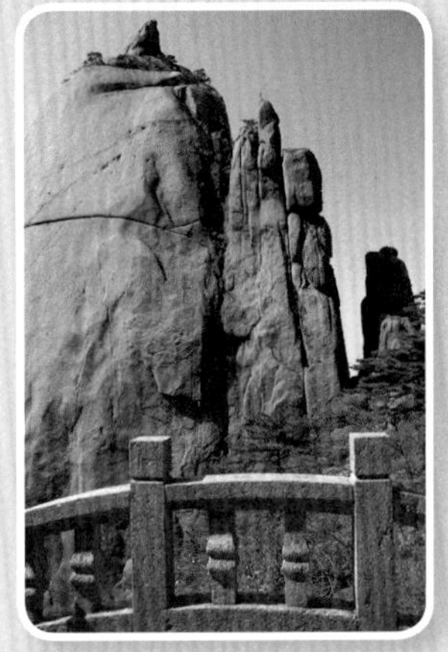

3. 가장 넓은 평원은?

총면적 350,000km²의 동북평원.

4. 가장 큰 호수는?

원래는 후난성의 동정호(洞庭湖)였으나 퇴적작용으로 면적이 줄어
들어 지금은 장시성의 파양호(鄱陽湖)가 가장 큽니다.

5. 가장 넓은 지역은?

총면적 1,060만km²인 신장 위구르자치구

6. 인구가 가장 많은 성?

쓰촨성

7. 인구가 가장 적은 지역?

티벳자치구

8. 인구가 가장 많은 소수민족?

   좡족(壮族)

9. 인구가 가장 적은 소수민족?

   뤄바족(珞巴族)과 타타르족(塔塔尔族)

10. 가장 높은 고원은?

   해발 4,000m에 위치한 총면적 250만km^{2}의 칭짱(青藏)고원

11. 가장 큰 사막은?

   33만km^{2}의 다클라마한 사막

12. 중국의 국기는?

   오성홍기(五星红旗)

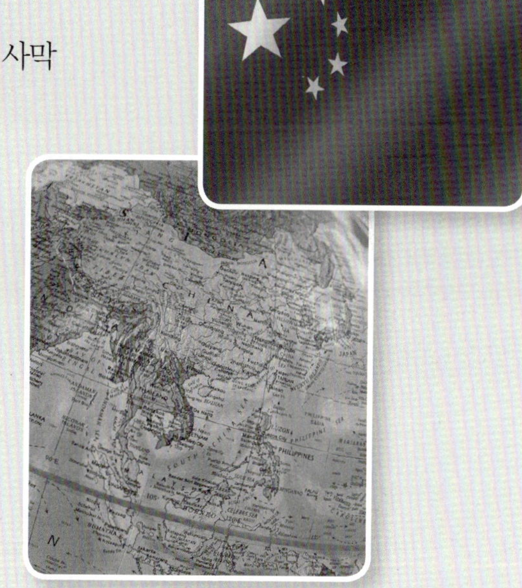

13. 중국의 국가는?

   의용군행진곡

14. 중국의 면적은?

   960만km^2

15. 5대명산

   동악태산(泰山), 서악화산(华山), 중악숭산(嵩山), 남악형산(衡山),
   북악황산(恒山)

16. 중국의 민족수는?

56개

17. 수도는?

베이징(北京)

18. 최대도시는?

상하이(上海)

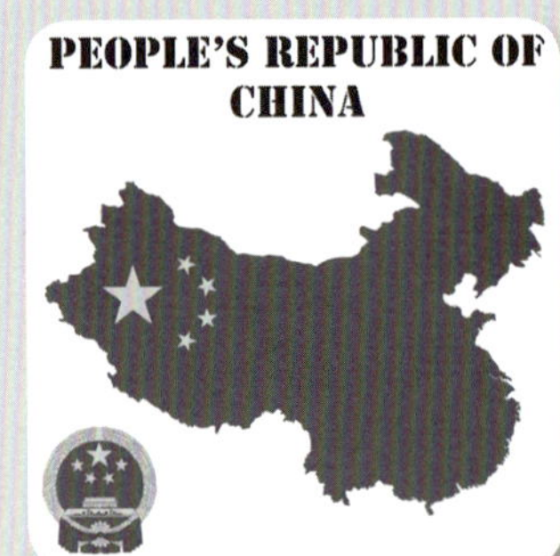

19. 국화는?

원래 국화라는 개념이 없었으나 지금
은 일반적으로 모란을 지칭함.

20. 최대의 인공 구조물은?

만리장성(長城)

"给"형 동사

- **본 과의 목표** : 특수동사 형태의 마지막 '给'류 동사를 따로 익히고 간접목적어 (엄밀히 말하면 보어)와 직접목적어의 순서만 파악하면 목표완성

- **给**(給) gěi 주다
- **教**(敎) jiāo 가르치다
- **问**(問) wèn 묻다
- **告诉**(告訴) gàosu 알려주다
- **回答** huídá 대답하다
- **借** jiè 빌리다
- **还**(還) huán 돌려주다
- **找** zhǎo 찾다 (돈을)거슬러다
- **问题**(問題) wèntí 문제, 질문
- **事** shì 일
- **情况** qíngkuàng 상황
- **钱**(錢) qián 돈

이번 과의 특수 형태 동사는 이 외에도 몇 가지가 더 있지만 가장 중요한 것은 역시 '给' 하나가 차지하는 비율이 7할 이상입니다. 그래서 이름을 '给'형 동사라고 한 것입니다.

'나는 말한다'는 '我说'인데 '나는 너에게 말한다'는 '我说你'가 아니지요. '나는 너를 말한다'가 됩니다.

그렇다면 '을, 를'로 끝나는 목적어가 아닌 '~에게'는 성분이 어떻게 될까요?

중국어에서는 엄밀히 말하면 뒤에 배우게 될 보어의 성분이지만 이번 과에서는 영어의 4형식 구문처럼 간접목적어로 이해하면 빠르겠습니다.

즉

주어	+	동사	+	간접목적어	+	직접목적어
은, 는, 이, 가	+	동사	+	에게	+	을, 를

처럼 말입니다.

S V O′ O″

他 教 我 们 汉 语。
Tā jiāo wǒmen Hàn yǔ.
그는 우리에게 중국어를 가르친다.

我 给 他 书。
Wǒ gěi tā shū.
나는 그에게 책을 준다.

我 问 老 师 问 题。
Wǒ wèn lǎo shī wèn tí.

나는 선생님에게 질문을 한다.

他 告 诉 我 们 中 国 的 情 况。
Tā gào su wǒ men Zhōng guó de qíng kuàng.

그는 우리에게 중국의 상황에 대해 알려준다.

妈 妈 给 我 钱。
Mā ma gěi wǒ qián.

엄마가 나에게 돈을 준다.

我 教 他 写 汉 字。
Wǒ jiāo tā xiě Hàn zì.

나는 그에게 한자쓰기를 가르친다.

他 告 诉 我 那 件 事。
Tā gào su wǒ nà jiàn shì.

그는 나에게 그 일을 알려주었다.

성민샘 잔소리!

이와 같은 '给'형 동사는 나올 때 마다 익히시면 됩니다. 처음부터 일부러 찾아서 한꺼번에 외우려고 하지는 마시구요.

이제까지의 내용이 이해가 되었으면 다음의 말들을 머릿속에서 만들고
소리내어보세요.

아빠가 나에게 돈을 준다.
나는 그에게 전화번호를 알려준다.
그가 나에게 이름을 물어본다.
선생님이 나에게 한자쓰기를 가르친다.

■ 민족이야기

중국은 단일민족이 아닌 다민족국가입니다. 총 56개의 민족이 공존하고 있는 국가인데요. 그 중 90%이상의 주류를 이루고 있는 한족이 핵심민족이 되고 그 외에 55개 민족을 소수민족이라고 지칭합니다.

소수민족 중에는 우리의 동포에 해당하는 조선족도 있고 러시아계도 있으며 서북쪽에는 푸른 눈의 코카서스계도 있답니다.

많은 소수민족들이 관광거리로 전락해 가는듯한 느낌이 있지만 본국이 존재하는 민족들은 (조선족 – 한국, 몽골족 – 몽골처럼) 상당한 파워를 유지하고 있지요.

소수민족들의 지위는 이처럼 '본국이 존재하느냐' 외에도 '고유문자가 있느냐', '언어가 있느냐', '문화가 있느냐', '역사를 가지고 있는가' 등으로 그 파워를 자랑합니다. 물론 경제력을 뺄 순 없지만 말입니다.

한족, 쫭족, 만주족, 후이족, 먀오족, 위구르족, 투자족, 이족, 몽골족, 티베트족, 부이족, 동족, 야오족, 조선족, 바이족, 한이족, 카자흐족, 리족, 다이족, 쉐족, 리수족, 거라오족, 동샹족, 고산족, 라후족, 수이족, 와족, 나시족, 치앙족, 투족, 무라오족, 시버족, 키르기스족, 다우르족, 징포족, 마오난족, 사라족, 버랑족, 타지크족, 아창족, 푸미족, 예벤키족, 누족, 징족, 지눠족, 더앙족, 바오안족, 러시아족, 위구족, 우즈베크족, 먼바족, 어룬춘족, 두룽족, 타타르족, 나나이족, 뤄바족

壮族	哈尼族	仫佬族	基诺族
回族	黎族	锡伯族	德昂族
满族	哈萨克族	柯尔克孜族	保安族
维吾尔族	傣族	景颇族	俄罗斯族
苗族	畲族	达斡尔族	裕固族
彝族	傈僳族	撒拉族	乌孜别克族
土家族	东乡族	布朗族	门巴族
藏族	仡佬族	毛南族	鄂伦春族
蒙古族	拉祜族	塔吉克族	独龙族
侗族	佤族	普米族	赫哲族
布依族	水族	阿昌族	高山族
瑶族	纳西族	怒族	珞巴族
白族	羌族	鄂温克族	塔塔尔族
朝鲜族	土族	京族	

부사

• **본 과의 목표** : 중국어의 문법은 어디까지나 어순학일 뿐이니 기본
이 되는 주어 술어 목적어 외에 나머지 부사들을 붙
이는 방법과 위치를 파악하기

- **也** yě …도, 또한

- **都** dōu 모두

- **常** cháng 종종

- **常常** chángcháng 종종, 자주

- **只**(衹) zhǐ 단지

- **一起** yīqǐ 같이, 함께

- **还**(還) hái 또, 또한, 게다가, 아직, 그래도, 여전히

- **和** hé ~와, 과

영어의 and로 이해하시면 안 됩니다. and는 단어와 단어, 구나 절 까지도 연결할 수 있지만 이는 한국말의 '~와, ~과' 일뿐이니 단어만을 연결합니다. 타이완에서는 hàn 으로 발음합니다.

- **早上** zǎoshang 아침
- **上午** shàngwǔ 오전

- **中午** zhōngwǔ 정오
- **下午** xiàwǔ 오후

- **晚上** wǎnshang 저녁
- **电影**(電影) diànyǐng 영화

중국어에서 시간사는 훌륭한 부사가 되지요. 하지만 시간사만으로도 시제를 나타낼 수 있기 때문에 독립적인 지위를 가지는 경우가 많습니다. 즉, 문장 제일 앞에 단독으로도 자주 쓰인다는 말입니다. 잔소리가 많아 미안하지만 무슨 말인지??? 하시는 분은 그냥 넘어가세요.

부사의 위치는 술어 바로 앞입니다. 아무리 긴 문장이라도 술어를 찾아 동그라미를 치고 술어 앞에 위치한 것은 모두 부사이니 부사성분을 괄호로 묶어 버리면 해석이 안 되는 문장이 없을 것입니다. 지금부터라도 연습해 보세요. 물론 부사는 부록과 같은 존재이니 하나만이 아니고 여러 가지가 동시에 올 수도 있습니다. 부록이 많아야 책이 잘 팔리죠.

我 们 一 起 吃 饭。
Wǒmen yī qǐ chī fàn.

우리는 함께 밥을 먹는다.

他 常 常 去 中 国。
Tā cháng cháng qù Zhōng guó.

그는 자주 중국에 간다.

我 也 是 学 生。
Wǒ yě shì xué sheng.

나도 학생이다.

他 们 都 是 老 师。
Tāmen dōu shì lǎo shī.

그들은 모두 선생님이다.

我 们 也 都 是 韩 国 人。

Wǒmen yě dōu shì Hán guó rén.

우리도 모두 한국인이다.

我 和 他 都 学 汉 语。

Wǒ hé tā dōu xué Hàn yǔ.

나와 그는 모두 중국어를 배운다.

'也'와 '都'는 중국어에서는 사라진 조사와 같은 기능을 하기도 합니다. '也'의 경우는 주어에 붙어 조사처럼 '나도, 너도'로 번역되기도 하고 목적어에 붙어 '중국도 간다', '밥도 먹는다'처럼 완벽한 부사로 '또한'의 뜻처럼 번역되기도 하니 앞뒤 문장을 읽어보고 판단하셔야 합니다.

중국어는 아주 발달한 언어가 아니거든요. 그래서 항상 한 단어나 한 문장만 두고 보면 잘못 판단하게 되는 경우가 많습니다. 그것이 약점일 수도 있지만 그만큼 내가 배워서 사용하기에 편한점은 최고의 장점이 되기도 하지요.

이제까지의 내용이 이해가 되었으면 다음의 말들을 머릿속에서 만들고
소리내어보세요.

우리는 함께 영화를 본다.
나는 아침에 밥을 먹지 않는다.
나는 종종 한국차를 마신다.
나는 또한 중국차도 마신다.
우리는 모두 한국인이다.
그는 저녁에 술을 마신다.
나와 그는 함께 중국음악을 듣는다.

■ 요리

중국은 세계에서 음식문화가 가장 발달한 나라의 하나입니다.

못 먹는 것이 없다 할 정도로 기기묘묘한 요리가 많지만 한국과 가까운 산둥지역의 루(鲁)차이, 쓰촨지역의 촨(川)차이, 광둥지역의 위에(粤)차이, 수도인 베이징지역의 징(京)차이를 4대요리라고 하고 그 외에도 양저우지역의 후이양(淮扬)차이, 후난(湖南)차이 등이 매우 유명하여 5대 요리, 6대 요리 7대 요리 등으로 이야기가 되고 있습니다.

부사구와 介词

- **본 과의 목표** : 전과에서 배운 부사는 모두 한단어로 구성되어 있었지만 본과에서는 이를 늘려서 구로 만드는 연습을 합니다. 그러다보면 마치 영어의 전치사와 같은 것들이 붙게 되지요. 이를 '개사'라고 하는데 개사를 붙인 구를 만들어 문장 만들기가 목표입니다.

- 跟 gēn …와, …를 따라서
- 跟 gēn … 一起 yīqǐ …와 함께
- 在 zài …에서
- 从(從) cóng …로부터
- 到 dào …까지
- 离(離) lí …로부터(거리)
- 为(爲) wèi …를 위하여

이상이 상용되는 개사인데 어려운 전치사라는 용어를 잊어버리시고 그 의미를 익히시면 됩니다. 영어의 with, in, at, on, from, to, for처럼 단순한 의미로 외워주세요.

- 开始(開始) kāishǐ 시작하다
- 近 jìn 가깝다
- 远(遠) yuǎn 멀다
- 今天 jīntiān 오늘
- 首尔(首爾) Shǒu'ěr 서울
- 汉城(漢城) Hànchéng 서울
- 釜山 Fǔshān 부산
- 北京 Běijīng 베이징
- 上海 Shànghǎi 상하이

전과와 아무런 차이가 없습니다. 단지 부사가 좀 길어진 것 뿐이지요.
마찬가지로 술어를 찾아 동그라미를 치고 부사를 (괄호) 치는 연습을
하시면 문장이 쉽게 보입니다.

我 跟 老师 去。
Wǒ gēn lǎoshī qù.

나는 선생님과 간다.
나는 선생님을 따라간다.

我 跟 老师 一起 去。
Wǒ gēn lǎoshī yīqǐ qù.

나는 선생님과 같이 간다.

'跟'은 '~와 함께' 혹은 '~를 따라서' 라는 뜻도 있기에 단문만 보면 어느 말인지 해석이 잘
못될 수가 있지요. 그래서 '함께'라고 할 때는 다시 뒤에 '一起'를 추가하는 것이 좋습니다.

他 在 中国 工作。
Tā zài Zhōngguó gōngzuò.

그는 중국에서 일한다.

他 从 北京 来。
Tā cóng Běijīng lái.

그는 베이징에서 온다.

我们　从　今天　开始　工作。
Wǒmen cóng jīntiān kāishǐ gōngzuò.

우리는 오늘부터 일을 시작한다.

今天　到　中午　工作。
Jīntiān dào zhōngwǔ gōngzuò.

오늘 정오까지 일한다.

我　从　早上　到　晚上　学　汉语。
Wǒ cóng zǎoshang dào wǎnshang xué Hànyǔ.

나는 아침부터 밤까지 중국어를 배운다.

首尔　离　釜山　远。
Shǒu'ěr lí Fǔshān yuǎn.

서울은 부산에서 멀다.

이 문장에서 부산으로부터의 '离'는 '从'으로 써도 되긴 하지만 중국인의 습관상 거리를 나타내거나 기간의 양을 나타낼 때 '从'을 쓰지 않고 '离'를 쓰는 것이 습관입니다.

他　从　北京　到　上海　去。
Tā cóng Běijīng dào Shànghǎi qù.

그는 베이징에서 상하이까지 간다.

爸爸 为 我们 工作。

Bàba wèi wǒmen gōngzuò.

아버지는 우리를 위해 일하신다.

스스로 자축해 주세요. 이제 중국어로 내가 원하는 내용의 문장을 기본적으로 구성할 수 있는 모든 능력을 갖추었습니다. 마지막 남은 보어라는 성분이 있긴 하지만 내가 하고픈 말의 내용을 표현하는 데는 여기까지만의 지식으로도 충분합니다. 첫 번째 고지에 오르신 그대에게 건배 ~~~~~

이제까지의 내용이 이해가 되었으면 다음의 말들을 머릿속에서 만들고
소리내어보세요.

저를 따라오세요.
나는 친구와 함께 책을 산다.
나는 베이징에서 공부한다.
나는 오전 9시부터 오후 5시까지 일한다.
상하이는 베이징에서 멀다.
나는 그를 위해 옷을 산다.

■ 차(茶)

전세계에서 중국인만큼 차를 좋아하는 민족은 드물 것입니다. 중국인이 차를 버리면 세계의 커피 가격이 금값이 될 거라는 농담이 나올 정도로요.

그 차들은 발효도에 따라서 종류가 나뉘는데 녹차, 백차, 청차, 홍차처럼 말입니다.

녹차계통은 서호용정, 항주벽라춘, 황산 모봉, 군산은침, 노산운무 등 유명한 차가 많지요.

청차는 타이완의 오룽차, 푸지엔 무이암, 안지의 철관음 등이 유명합니다.

황후가 무이산의 차를 마시고 병이 낫자 황제가 차나무에 직접 겉옷을 덮어 주었다하여 유명해진 대홍포 등이 이에 속하지요.

백차는 20%정도의 발효로 담담하고 단아한 맛을 내는 고급차로 백호은침, 육안과편, 백목단 등은 유명한 명품차입니다.

외국 국빈이 방문하면 이 백차류를 선물로 많이 하지요.

홍차류는 발효도가 높은 차로 완전 발효를 시킨 보이차 등은 단독의 지위를 가질 정도로 명차로 이름났습니다.

그 외에도 꽃잎을 말려 먹는 화차나 곡식류의 쓰촨 고교차등도 있습니다.

중국어의 숫자 읽기

- **본 과의 목표** : 큰 목표를 하나 달성했으니 쉬어가는 느낌으로 중국어로 숫자를 읽는 방법에 도전합시다.

一 yī　　二 èr　　三 sān　　四 sì　　五 wǔ

 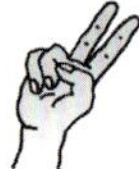   

六 liù　　七 qī　　八 bā　　九 jiǔ　　十 shí

  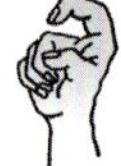 

- 零(零) líng 영(0)
- 两(兩) liǎng 둘
- 百 bǎi 백
- 千 qiān 천
- 万(萬) wàn 만
- 亿(億) yì 억
- 第 dì 제
- 半 bàn 반

① 중국어로 숫자를 읽을 때

1-99 한국어와 동일

② 100이상의 숫자를 읽을 때

① 백, 천, 만, 억 따위 앞에 一(yī)를 붙인다.

一百 yī bǎi　　一千 yī qiān

一万 yī wàn　　一亿 yī yì

② 뒤에 오는 0은 몇 개라도 무시

340 **三百四** sān bǎi sì

5600 **五千六** wǔ qiān liù

(양사가 오면 붙임)

340개 **三百四十个** sān bǎi sì shí ge

③ 중간에 오는 0은 몇 개라도 零(líng)

708 **七百零八** qī bǎi líng bā

6009 **六千零九** liù qiān líng jiǔ

④ 중간에도, 뒤에도 0이 있으면 다 살린다.

4080 **四千零八十** sì qiān líng bā shí

* **숫자 단위 속의 2를 읽는 법**

〈단위별 2 읽기〉

단단위 : 二

십단위 : 二

백단위 : 二, **两** 모두 가능

천단위 : **两**

이상과 같은 형식으로

만 단위 십만 단위 백만 단위 천만 단위 ,

억 단위 십억 단위 백억 단위 천억 단위

모두 같이 나가면 되는데 만 단위 억 단위에서 시작이 되면 两을 쓰면 됩니다.(별위치)

단 단위도 같은 형식으로 시작이 되면 两을 쓰는데 혼자 있는데 뭐가 시작이란 말인가 그래서 시작이라는 의미로 뒤에 양사가 붙어야만 되는 것입니다. 이를 도시하면 다음과 같습니다.

<pre>
          ☆   ☆   ☆
   | 2 2 2, 2 | 2 2, 2 2 | 2, 2 2 2
    两 二 二 二   两 二 二 二   两 二 二 二
       两   两   两   两(양사)
</pre>

성민샘 잔소리!

이제까지의 내용이 이해가 되었으면 다음의 말들을 머릿속에서 만들고
소리내어보세요.

123

1359

10000

180

1800

18000

108

1008

10008

1080

222

2222

2200

20000

22000

■ 숫자이야기

　중국인들이 가장 좋아하는 숫자는 무엇일까요? 두말 할 것도 없이 '8'입니다. 이는 '發'과 흡사한 발음으로 인한 것인데 이 발이라는 글자(간체자로는 发)가 중국인들이 가장 좋아하는 글자라 할 수도 있습니다. 우리나라 말로 '피었다, 떴다, 벌었다, 횡재했다'의 의미로 사용되는데 '发財 돈벌다'와 가장 직결되는 느낌을 주어 더더욱 그러합니다. 베이징 올림픽은 2008년 8월 8일 8시 8분 8초에 개막한 이유도 그와 상통되지요.

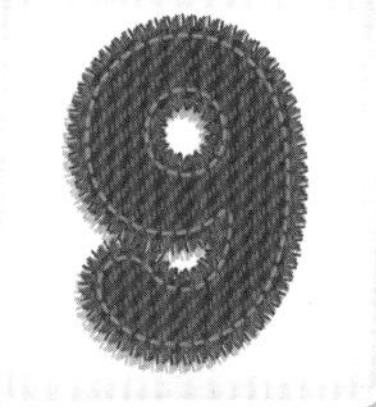

　그 다음으로 좋아하는 숫자로는 '6'과 '9'가 있는데 '6'은 '流'와 발음이 같아 일이 순조롭게 풀림을 뜻하는 말이고, 선물상자도 6각형의 것이 많습니다.

　'9'는 '久'와 발음이 같아 변치 않고 오래간다는 느낌을 주는 말이라 사랑의 상징이기도 한 숫자입니다.

　2009년 9월 9일 9시 9분 9초에 맞추어 혼인신고를 하려는 사람늘로 행정기관이 마비된 사건은 유명하지요.

　끝으로 모든 것을 다 갖추었다는 의미의 '十全十美'의 '10' 또한 큰 행운의 숫자로 여깁니다.

　싫어하는 숫자로는 우리와 같이 '死'와 발음이 같아 기피하는 '4'와 '포기하다, 버리다'의 발음을 연상시키는 '7'을 싫어하는 경향이 있습니다.

중국의 화폐

· **본 과의 목표** : 중국어로 화폐단위를 알고 생활 속에서 쓸 수 있도록 익혀두기

- 多少 duōshao 얼마?

- 多少钱(多少錢) duōshaoqián 얼마입니까?

- 钱(錢) qián 돈

- 元 yuán 원

- 圆(圓) yuán, 块(塊) kuài 원

- 角 jiǎo, 毛 máo 10전

- 分 fēn 전

교재의 특성상 원 밑의 전 단위까지 언급은 했지만 실생활에서 전은 이미 사용할 일이 전혀 없는 단위가 되었고 10전 단위도 봉투를 사거나 공중화장실을 이용할 때 정도밖에 사용되지 않는 단위가 되었습니다. 그러니 원 단위만 알고 넘어가셔도 무방합니다. 물론 전공자를 제외하고요.

3.45元
三 块 四 毛 五 (分) (钱)
sān kuài sì máo wǔ fēn qián

- 中國 100元 50元 20元 10元 5元 (2元) 1元 5角
  2角 1角
  5分 2分 1分 (일반적으로 잘 사용되지 않음)

- 臺灣 2000元 1000元 500元 200元 100元
  50元 20元 10元 5元 1元
  5角

- 香港 1000元 500元 100元 50元 20元 10元
  5元 2元 1元 5毫 2毫 1毫

이제까지의 내용이 이해가 되었으면 다음의 말들을 머릿속에서 만들고 소리내어보세요.

이거 얼마예요?
하나 얼마예요?
150원
158원
200원
240원
2600원
7원 89전
6원 50전
50전

■ 화폐이야기

중국의 화폐단위는 '원(圓)'으로 우리나라와 같습니다. 한어병음으로 발음은 'yuan'인데 보통 매체에서는 위안이라고 발음하지요.

인민폐라고 불리는 중국의 화폐는 표기를 'RMB' 라고 하는 외에 우리가 달러를 $, 한화를 ₩, 엔화는 ¥라고 표기하듯 기호가 필요하게 되었는데 발음상 일본과 같은 ¥가 되어야 하겠지만 이미 일본이 선점한지라 중국식으로 기호를 연상하는 발음이 같은 한자 '元'을 쓰게 되었습니다. 그래서 元은 화폐단위가 아니라 화폐단위를 표시하는 기호이지요. 그런데 근자에 들어서 중국은 일본과 같은 ¥를 표기하기 시작했습니다. 세계 최강 경제대국이 되고나면 일본은 어떻게 할까요. 귀추가 주목됩니다.

화폐단위는 비록 위안이지만 일반적으로 회화상에서는 마치 고대처럼 '콰이(塊)'를 쓰는 특이점이 있지요.

'전(分)' 단위는 경제의 발달로 지금은 거의 사용되지 않습니다만 물건을 살 때 봉투 구입비로 혹은 공중 화장실을 이용할 때 50전(五毛)을 내는 정도만 남았다고나 할까요.

시간

- 본 과의 목표 : 중국어로 시간말하기를 익히고 이를 부사로 활용하여 문장 만들기에 도전

- 现在(現在) xiànzài 현재

- 点(點) diǎn 시

- 分 fēn 분

- 半 bàn 반

- 刻 kè 15분, 각

- 差 chà 모자라다

- 钟(鐘) zhōng 시계(벽시계)

- 表(錶) biǎo 시계(휴대용)

- 小时(小時) xiǎoshí 시간

- 钟头(鐘頭) zhōngtóu 시간

다음 단어들은 부사를 공부할 때 등장한 것들이지만 시간을 표현함에 있어서 매우 중요하기에 다시 한 번 더 등장시켰습니다. 잘 익혀두셨는지 검토하는 시간 가져보세요.

- 早上 zǎoshang 아침

- 上午 shàngwǔ 오전

- 中午 zhōngwǔ 정오

- 下午 xiàwǔ 오후

- 晚上 wǎnshang 저녁

现 在 几 点?
Xiànzài jǐ diǎn?

지금 몇 시죠?

现 在 八 点。
Xiànzài bā diǎn.

지금 8시예요.

혹시 문장이 이상하다고 느끼신 분 있으신가요?
대단한 천재이기도 하지만 외국어 익히는 데는 별 도움이 안 됩니다.
이 문장은 술어가 없습니다. 술어 是가 들어가야 바른 문장이 되겠죠.
하지만 중국인들은 계속 흘러가고 변화하는 것. 년, 월, 일, 요일, 시간,
나이, 계절 따위에서는 술어 '是'를 생략하고 말합니다. 그런데도 한사
코 '是'를 붙이면 틀린 것이 아니라 강조가 되구요. 물론 '지금은 8시가
아니다'에서는 '是'를 생략할 수 없겠죠.

5 : 45

五 点 四 十 五 分
Wǔ diǎn sì shí wǔ fēn

5시 45분

五 点 三 刻
Wǔ diǎn sān kè

5시 45분

差 十 五 分 六 点
Chà shí wǔ fēn liù diǎn

6시 15분전

差 一 刻 六 点
Chà yī kè liù diǎn

6시 15분전

两个小时
Liǎng ge xiǎo shí

두 시간

三个钟头
Sān ge zhōng tóu

세 시간

모든 단위는 명칭과 양사개념을 구분해야 합니다. '한 시'와 '한 시간'은 다르다는 것 아시죠?

이제 시간을 붙여서 하루의 일지를 써보세요.

이제까지의 내용이 이해가 되었으면 다음의 말들을 머릿속에서 만들고 소리내어보세요.

지금 몇 시예요?

2시 45분 (4종)

몇 시간?

5시간

나는 아침 6시에 일어난다.

나는 오전 8시에 일을 시작한다.

나는 정오에 친구와 함께 밥을 먹는다.

나는 오후 5시 30분에 귀가한다.

오늘 저녁 8시 10분 친구랑 명동에서 술을 마신다.

■ 선물습관

중국인과의 사교에서 선물을 할 때 조심해야 할 품목들이 있습니다. 우리나라에서는 선물로 애용되는 품목이 중국에서는 심한 욕설이 된다든지 저주의 의미를 나타내는 것들이 있기 때문입니다. 우리나라 말로 시계를 중국어로는 두 가지로 나눌 수 있는데 몸에 휴대하고 다니는 손목 시계류를 '비아오(表)'라고 하고 벽걸이나 탁상시계 등을 '쫑(钟)'이라고 하는데 이 '쫑'은 선물해서는 안 됩니다. 중국어로 선물하다의 의미인 '송(送)'과 연계되어 시계를 선물함은 '송쫑(送钟)'이

되고 이는 임종을 맞아 장례를 치른다는 의미의 '송쫑(送终)'으로 여기기 때문입니다. 비록 손목시계라 하더라도 매춘부를 의미하는 '비아오(婊)'와 같은 발음이라서 연인사이에는 신중을 기해야 할 선물입니다. 그 외에도 중국인이 욕설에 가장 많이 사용하는 거북이나 자라의 형태를 가진 문양이 선물이 되어서는 안 되겠고 과일 중 '배, 중국어로 리(梨)'는 이별을 뜻하는 과일이라 나누어 먹는다든지 선물하기를 기피하는 것이니 잘 알아두어야 겠습니다.

한 나라의 언어를 이해하는 데는 문화에 대한 이해가 따라야만이 완성되는 것이기 때문입니다.

년, 월, 일, 요일

• **본 과의 목표** : 중국어로 년, 월, 일, 요일 명칭과 양사개념 이해하기

- 年 nián 년
- 月 yuè 월
- 日 rì, 号(號) hào 일
- 星期 xīngqī 주
- 天 tiān 날

- 去年 qùnián 작년
- 今年 jīnnián 올해, 금년
- 明年 míngnián 내년

- 昨天 zuótiān 어제
- 今天 jīntiān 오늘
- 明天 míngtiān 내일

- 星期一 xīngqīyī 월요일
- 星期二 xīngqīèr 화요일
- 星期三 xīngqīsān 수요일
- 星期四 xīngqīsì 목요일
- 星期五 xīngqīwǔ 금요일

- 星期六 xīngqīliù 토요일
- 星期日 xīngqīrì 일요일
- 星期天 xīngqītiān 일요일

주로 남방에서는 星期를 礼拜(禮拜 lǐbai)라고 합니다.

2005년
二 零 零 五 年
èr líng líng wǔ nián

哪 年 (几 年)
nǎ nián (jǐ nián)

5월 21일
五 月 二 十 一 日(号)
wǔ yuè èr shí yī rì(hào)

几 月 几 日(几 号)
jǐ yuè jǐ rì (jǐ hào)

목요일
星 期 四
xīng qī sì

星 期 几
xīng qī jǐ

서기2000년 **二零零零年**(èr líng líng líng nián)

2000년(간) **两千年**(liǎng qiān nián)

5개월
五 个 月
wǔ ge yuè

닷새
五 天
wǔ tiān

2주
两 个 星 期
liǎng ge xīng qī

아시겠죠? 5월과 다섯 달, 5일과 닷새는 다르다는 것. 양사개념 중요합니다.

上(个)月 shàng(ge) yuè 지난 달

这(个)月 zhè(ge) yuè 이번 달

下(个)月 xià(ge) yuè 다음 달

上(个)星期 shàng(ge) xīngqī 지난 주

这(个)星期 zhè(ge) xīngqī 이번 주

下(个)星期 xià(ge) xīngqī 다음 주

시작이 반이라고 했는데 반을 끝내셨으니 이제 다한거나 진배없네요. 축하합니다.

**이제까지의 내용이 이해가 되었으면 다음의 말들을 머릿속에서 만들고
소리내어보세요.**

당신의 생일은 몇 월 며칠입니까?

오늘은 2월 28일이다.

내일이 무슨 요일이지요?

오늘은 일요일이다.

내년은 2016년이다.

다음달 15일에 나는 중국을 간다.

그는 내년 3월까지 일한다.

다음 주 수요일 만납시다.

6월

여섯 달

4일

나흘

5주

■ 음력읽기

음력으로 날짜를 읽을 때 약간의 차이가 있습니다. 회화체에서도 날짜에 '하오(号)'나 '르(日)'를 붙이지 않고, 글로 쓴다하더라도 '日'자만 씁니다.

그리고 단 단위인 1일부터 9일사이는 앞에 '初'를 붙입니다. 이것이 정석이지만 굳이 지키지 않아도 의사소통에는 문제가 없지요.

한국 사람이 음력 정월 초사흘을 음력 1월 3일이라 말한다고 틀렸다고 따지는 사람이 있나요? (사실은 틀렸지만)

正月初九, 三月二十八 처럼요.

그래서 중국어로 보름은 뭐라고 말할까요? '十五'가 됩니다.

정답

 **04강**

: 술어1 – "是" 구문
我是我
你是你
你不是我
你是我吗?
我是天才

这是水，那是酒
我是韩国人，他是中国人
我不是中国人
你是天才吗?
你不是天才吗?

一是一
一不是二
一是一吗?
一不是二吗?

 **05강**

: 술어2 – 형용사 구문
他很好
他的书很好
书很贵
他的书很贵
他的书不贵
他的书贵吗?
他的书不贵吗?
中国书便宜吗?

06강

: 술어3 – 일반동사 구문
我去，他不去

我吃炸酱面，他吃海鲜面
我爱你
我不爱你
你爱我吗?
你不爱我吗?

 **07강**

: 술어4 – "有" 구문
我有钱
他没有钱
她有魅力
你有钱吗?
你没有钱吗?
我没有电话
我没有女(男)朋友
我有好酒
我没有便宜的酒
我有中国酒

 **08강**

: 소유격(a+的), 반복의문문
我的
韩国的
老师的
新的
旧的
贵的
你是我的
我不是你的
我的包是贵的
这是不是贵的?
汉语难不难?
你爱不爱我?
你有没有红衣服?

09강

: 지시 대명사, 의문 대명사

你是谁?
你爱谁?
这是什么?
这是什么衣服?
老师去哪儿?
老师什么时候来?
你为什么爱她?
怎么念?
怎么(为什么)不念?
他的衣服怎么样?

10강

: 양사(量词)

我有两个中国朋友
我有一件中国衣服
我看这本书
我买那件衣服
你有几本书?
你有多少书?
这个包很贵
这本书
这两本书
这十本书
这些书
那些衣服是朋友的

11강

: 청유형 구문

请看　看吧　请看吧
别买　请别买　别买吧　请别买吧
请买这个包　买这个包吧　请买这个包吧

别买贵衣服　请别买贵衣服
别买贵衣服吧　请别买贵衣服吧

12강

: 술어5 – "在" 구문

老师在我(的)前边
我(的)前边有老师
我(的)前边是老师
老师是我(的)前边
学校前边有商店
商店在学校前边
学校前边是商店
商店是学校前边

东海有独岛
独岛在东海

13강

: 조동사

我想看中国电影
我不想听那首歌
我会喝酒
我不会喝酒
我能喝酒
我不能喝酒
我可以喝酒
我不可以喝酒
我喜欢听中国音乐
我不喜欢喝酒

14강

: "给"형 동사

爸爸给我钱

我告诉他电话号码
他问我名字
老师教我写汉字

 **15강**

: 부사

我们一起看电影
我早上不吃饭
我常常喝韩国茶
我还(也)喝中国茶
我们都是韩国人
他晚上喝酒
我跟他一起听中国音乐

 **16강**

: 부사구와 介词

请跟我来
我跟朋友一起买书
我在北京读书
我从上午9点到下午5点工作
上海离北京远
我为他买衣服

17강

: 중국어의 숫자 읽기

一百二十三
一千三百五十九
一万
一百八
一千八
一万八
一百零八
一千零八

一万零八
一千零八十
两百二十二 (二百二十二)
两千两百二十二 (两千二百二十二)
两千二
两万
两万二

18강

: 중국의 화폐

这(个)多少钱?
多少钱一个?
一百五十块
一百五十八块
两百块 (二百块)
两百四十块 (二百四十块)
两千六百块
七块八毛九分
六块五毛
五毛

 **19강**

: 시간

现在几点?
　两点四十五分
　两点3刻
　差十五分三点
　差一刻三点
几个小时(钟头)?
五个小时(钟头)
我早上六点起床
我上午八点开始工作
我中午跟朋友一起吃饭
我下午五点半(三十分)回家
今天晚上八点十分跟朋友在明洞喝酒

: 년, 월, 일, 요일

你的生日几月几号?
今天二月二十八号
明天星期几?
今天星期天
明年是二零一六年
下个月十五号我去中国
他到明年三月工作
下个星期三见吧
六月
六个月
四号
四天
五个星期

우루무치
신강위구르자치구
감
청해성
서장자치구
라싸

영하회족자치구
내몽고자치구
흑룡강성
하얼빈
길림성
장춘
연길
심양
요녕성
대련
후허트시
하북성
북경
천진
연태
위해
태원
식가장
은천
제남
산서성
산동성
난주
서안
강소성
정주
섬서성
하남성
합비
남경
상해
천성
무한
호북성
안휘성
항주
중경
남창
절강성
장사
강서성
복주
귀주성
호남성
귀양
복건성
대만
광서장족자치구
광동성
남녕
광주
심천
마카오
홍콩
해남성